Let me be · Christl Clear

LET ME BE
CHRISTL CLEAR

MIT ILLUSTRATIONEN VON
LENI CHARLES

www.kremayr-scheriau.at

ISBN 978-3-218-01287-4

Schutzumschlaggestaltung: Christine Fischer
Unter Verwendung eines Fotos von Marion Ida (dieida.com)
Typographische Gestaltung und Satz: Danica Schlosser
Illustrationen: Leni Charles
Lektorat: Marilies Jagsch
Druck und Bindung: Florjančič tisk d.o.o.

FÜR PAPA

(I promised to make you proud, I hope I did.)

FREE YOUR MIND
AND THE REST WILL FOLLOW

(En Vogue — 1992)

INHALT

INTRO	8
ME, MYSELF AND I	10
SELFCARE	15
SITUATIONSHIP	23
FLAWLESS	35
DOIN' IT	40
THAT'S WHAT FRIENDS ARE FOR!	46
WORK, WORK, WORK	50
THE INTERNET	55
LET'S GET MARRIED!	63
ADVICE	68
JUST BE A MAN ABOUT IT	73
BROWN SKIN	83
FUCK YOU	92
UNDER PRESSURE	99
GROWN WOMEN	108
FEAR NOT FOR (WO)MAN	116
B*TCH, BETTER GET YOUR MONEY!	123
FOREVER YOUNG … NOT!	131
BABY, BABY, BABY!	136
DANKE	156

INTRO

Es hat 37 Jahre meines Lebens gedauert, bis ich realisiert habe, wie sehr ich Erwartungen hasse. Ich weiß, ich weiß, Hass ist ein starkes Wort. – Genau deshalb werde ich es in den folgenden Kapiteln einige Male benutzen. Mich irritiert nämlich nichts mehr, als dass sich jemand irgendetwas von mir erwartet. Abgesehen von mir selbst natürlich. Erwartungen scheinen das Natürlichste der Welt zu sein und ich verstehe beim besten Willen nicht, wieso. Falls sich jemand findet, der mir sachlich, logisch und verständlich erklären kann, wieso ich mich diesem unfassbaren Druck freiwillig aussetzen soll, ich wäre ganz Ohr. Bis dahin hasse ich sie einfach.

Die Erwartungen, die jemand anderer in mich setzt, haben in Wahrheit wenig bis gar nichts mit mir zu tun. Außerdem profitiert gefühlt jeder von diesem anstrengenden Anspruchsdenken außer uns Frauen. Deswegen bin ich grundsätzlich schon mal raus, was das Thema angeht.

Also ja, Erwartungen gehen mir so sehr auf die Nerven, dass ich auf ihnen basierend ein ganzes Buch geschrieben habe. Keine Sorge, es ist kein Selbsthilfebuch – zumindest ist es nicht als solches angedacht. Wenn es jemanden motiviert, auch mal unkonventionelle oder sogar unpopuläre Entscheidungen zu treffen, umso schöner.

Statt langer Kapitel gibt es hier kurze, aber knackige Beiträge zu den unterschiedlichsten Themen aus meiner Perspektive. Wir brechen die Sache mit dem Hochzeitshype runter, ich erzähl euch von meinem Kinderwunsch und wie man es als Frau sowieso niemandem recht machen kann und sollte. Aber auch Themen wie Sex und Freundschaften haben ein eigenes Kapitel bekommen sowie Rassismus, Männerhass, mentale Gesundheit und noch vieles mehr. Wieso ich mir gerade diese Themen ausgesucht habe, fragt ihr euch jetzt? Sie beschäftigen mich und – low key – erhoffe ich mir, dass sie euch spätestens, nachdem ihr dieses Buch fertig gelesen habt, auch beschäftigen werden.

Für mich als Schwarze Österreicherin mit nigerianischen Wurzeln, die mit fast 40 Tag für Tag in einer Welt voller Rassismus, Sexismus, (Alters-)Diskriminierung und all den anderen Ismen aufwacht, ist der Alltag oft ein Kraftakt, der mich immer wieder aufs Neue hinterfragen lässt, wo der Mensch in der Evolution falsch abgebogen ist.

Ich behaupte nicht, dass ich die Weisheit mit dem Löffel gefressen habe und dass meine Sicht der Dinge die einzig wahre ist. Aber sie ist fix eine andere als die vieler anderer, und Diversität ist ja bekanntlich nie schlecht. In allen Bereichen unseres Lebens. Aber dazu im Laufe des Buches mehr.

Zurück zu den Erwartungen: Ich bin davon überzeugt, dass sie uns einschränken, wenn nicht sogar davon abhalten, ein glücklicheres und selbstbestimmtes Leben zu führen. Gerade für Frauen keine Selbstverständlichkeit. Wenn ihr mich fragt, sollten wir die Sache mit den Erwartungen so gut es geht canceln. Sie zu haben und vor allem, uns ihnen zu beugen. Schließlich leben wir in einer Welt, in der man sowieso nichts richtig machen kann. Da bleibt im Grunde ja nur, das zu machen, was man machen möchte. So, und bevor ihr jetzt auf die nächste Seite blättert und in meine Gedanken eintaucht: Schraubt doch bitte eure Erwartungen runter. So macht es viel mehr Spaß, dieses Buch zu lesen, und in Wahrheit auch, durchs Leben zu gehen.

ME, MYSELF AND I

Als zweites von vier Kindern wird man schon mal in eine vorbelastete Situation reingeboren. Die ist zwar nicht so tragisch wie bei einem erstgeborenen, aber auch nicht zu unterschätzen. In meinem Fall bedeutet das, dass ich nicht nur die alte Kleidung meiner Schwester tragen musste, sondern auch, dass ich meinen Sega Mega Drive, die Fernbedienung, mein Essen und vieles andere mit meinen jüngeren, aber durchaus gefräßigeren Brüdern teilen musste. Ja, ja, das liest sich so banal und harmlos, aber ich sage euch, das hat mich geprägt. Um genau zu sein, hat es mich zu einer ziemlich egoistischen Person gemacht. Und ich meine nicht die Kategorie Mensch, die sich nur spürt, wenn sie den ganzen Tag von sich selbst spricht, sondern vielmehr die Spezies, die sich selbst als oberste Priorität sieht – und nichts furchtbarer findet, als ihr Essen teilen zu müssen.

Bevor ich dir einen Bissen abgebe und riskiere, dass es dir schmeckt und du noch einen möchtest, besorge ich dir einen eigenen Teller, damit ich in Frieden essen kann.

Dieses Verhalten zieht sich in genau dieser Form durch alle Bereiche meines Lebens. Ich bin mir selbst am wichtigsten, vergesse dabei aber nicht auf meine Mitmenschen. Nur so kann ich die beste Version meiner selbst sein. Liest sich kitschig, ist aber so. Über kurz oder lang hat niemand etwas davon, wenn ich mich voller Hingabe allem und jedem anderen widme außer mir selbst. Das führt höchstens zu einem Burnout. Und jetzt mal ganz ehrlich – wie komme ich dazu? Gerade Frauen ist seit Anbeginn der Menschheit in die Wiege gelegt worden, dass sie sich aufopfernd um alle und jeden kümmern müssen, und das im Idealfall mit einem Lächeln im Gesicht. Wie's einem selbst dabei geht, ist zweitrangig. Hauptsache alle anderen sind happy. Bullshit! Immer, wenn ich mich dabei erwische, wie ich kurz davor bin, in das Muster der übertriebenen Selbstlosigkeit zu verfallen, hinterfrage ich mich selbst. Wieso mache ich das? Greife ich meiner Freundin wirklich gern unter die Arme, wenn sie zum fünften Mal ihr Wohnzimmer umstellt, oder mache ich das nur, weil ich mich besser fühle, wenn ich ihr geholfen habe? Oder ist es doch die Anerkennung? Erhoffe ich mir, dass sie mich noch mehr liebt, wenn ich ihr helfe? Bis vor Kurzem war es sehr selten aus dem zuerst genannten Grund, auch wenn ich es ungern zugebe. Mittlerweile ist es das immer öfter. Es ist zwar nach diesen Zeilen schwer zu glauben, aber ich bin tatsächlich ein sehr hilfsbereiter Mensch. Im Grunde kann man alles von mir haben (außer mein Essen und meinen Mann), allerdings mit Maß und Ziel.

Liebe Eltern, besonders all jene, die sich beim Lesen der vorherigen Zeilen gleich mehrmals an den Kopf gegriffen und überlegt haben, dieses Buch wegzulegen, nachdem sie realisiert haben, dass ich (noch) keine Kinder habe und daher nicht verstehe, dass man sich als Mutter, Vater oder Erziehungsberechtigte*r nicht an vorderste Front stellen kann. Ich kann mir nur ungefähr ausmalen, wie sich diese Zeilen lesen, wenn man komplett übermüdet und leicht gereizt ist. Aber auch ihr habt euch eine Auszeit verdient, bei der es nur um euch geht. Sich Zeit für sich selbst einzuräumen ist jetzt wahrscheinlich nicht mehr so leicht wie damals ohne Kinder, aber mit ein bisschen Planung und Hilfe ist es vermutlich machbar. Ganz besonders, wenn es zwei Elternteile gibt. Dann ist Kindererziehung im Idealfall sowieso Teamwork.

Ich möchte hier niemandem etwas vormachen: Egoistisch zu werden ist anstrengend.

Viele eurer Mitmenschen werden sich vor den Kopf gestoßen fühlen, wenn ihr diese neue Attitüde an den Tag legt. Es ist irgendwie merkwürdig, zur Abwechslung mal nicht das zu machen, was sich alle erwarten, sondern das, was sich gut anfühlt. Grenzen zu setzen. Etwas, das ich mir über Jahre hinweg antrainiert und von meiner Schwester abgeschaut habe. Wenn man nämlich erstmal realisiert hat, dass man es nicht allen recht machen kann und muss, dass es okay ist, auch mal jemanden auf sein oder ihr beschissenes Verhalten aufmerksam zu machen, dass nichts dabei ist, seinen Bedürfnissen Gehör zu verschaffen und dass man nicht immer nett und höflich dabei bleiben muss, irritiert das vielleicht am Anfang eure Umwelt, aber ich verspreche euch hiermit hoch und heilig, dass es ein komplett neues Lebensgefühl mit sich bringt. Sich selbst und sein Wohlbefinden an erste Stelle zu setzen hat oft einen sehr negativen Beigeschmack, dabei ist es so wichtig. Natürlich – wie alles – mit Maß und Ziel. Die Welt braucht nicht noch mehr Egomanen und Egomaninnen. Aber ihr wisst, was ich meine.

Nehmt euch die Auszeit. Macht das Nickerchen. Sagt die Party ab, fahrt (alleine) auf Urlaub, besteht beim Sex darauf, dass ihr auch befriedigt aus der Geschichte rausgeht, und sagt öfter mal Nein zu Dingen, auf die ihr keinen Bock habt, und Ja zu denen, auf die ihr sehr wohl Lust habt. Ungeachtet dessen, was sich irgendwer von euch erwartet. Diese Einstellung war mein persönlicher Gamechanger.

SELFCARE

Wenn etwas meine Königinnendisziplin ist, dann ist es Selfcare. Und damit sind nicht Gesichtsmasken und Termine im Nagelstudio gemeint, sondern die Art der Selbstfürsorge, die unter die Haut geht. Die, die quasi die Seele berührt. Nein, auch nicht Yoga oder Meditation. Damit kann ich nicht so viel anfangen. Den Yoga-Lehrer*innen unter euch brennt es wahrscheinlich unter den Nägeln, mir zu sagen, dass ich dann einfach noch nicht bei der richtigen Person eine Stunde genommen habe, aber ich kann euch versichern, dass ich es schon öfter probiert habe, als es mir lieb ist, und die Fragen, die sich mir stellen, sind immer dieselben: Wie ist es möglich, dass mir gleichzeitig so langweilig ist und ich trotzdem so angestrengt bin? Und warum gibt es Menschen, die mir erzählen wollen, dass Yoga die Lösung für alles ist? Und wie kann es sein, dass die westliche Welt so viel Kohle mit einer nahezu heiligen indischen Philosophie macht und eben diese People of Color quasi nichts davon bekommen? Nope, sorry, ich bin raus. Wenn ihr es nicht seid, ist das natürlich auch okay. Ich urteile nicht, ich hinterfrage höchstens. Jedenfalls wollte ich hier nicht so tief in die Yoga-Thematik eintauchen, sondern vielmehr über meine Liebe zur Selbstfürsorge sprechen. So here we go: Bevor ich überhaupt wusste, was Selfcare bedeutet, habe ich es schon betrieben. Nicht, weil ich besonders cool oder trendy bin, sondern vielmehr, weil ich mein Leben sonst nicht packe. Und wenn das passiert, bin ich unerträglich. Und wenn ich unerträglich bin, leiden meine Mitmenschen und ich selbst darunter. Wir haben Besseres verdient, also bin ich vor Jahren einmal in mich gegangen und habe aufgelistet, was ich gegen Situationen machen kann, die mich so richtig unrund machen. Das ist dabei rausgekommen:

— **Mir bewusst Zeit für mich selbst nehmen**
— **Nein sagen, wenn ich keinen Bock habe**
— **Meine Ängste aussprechen**
— **Meine Erfolge feiern**
— **Mich selbst respektieren**
— **Mich nicht aufopfern**
— **Auf meinen Körper hören**
— **Mir Fehler erlauben**
— **Wenn gar nichts mehr geht: Therapie!**

Der Auslöser für die erkenntnisreiche Liste waren damals zwei toxische Menschen in meinem Leben, die mich viel Energie und Kraft gekostet haben und mich für all diese heilenden Dinge, die ich oben genannt habe, verurteilt haben. Sie meinten, ich sei eine Egoistin, die verweichlicht, wenn ich so weitermache. Ich weiß nicht, wo diese beiden gerade in ihrem Leben stehen, aber ich weiß, dass ich definitiv kein Teil mehr davon bin. Gott. Sei. Dank.
Jedenfalls hat mich das damals mehr getroffen, als ich mir eingestehen wollte, und ich habe sicher einige Zeit lang daran genagt, bevor ich ein riesiges Spreadsheet gemacht habe. Ja, ein Spreadsheet aus Packpapier, auf dem man sich

mit vielen bunten Stiften austoben kann! Das habe ich früher immer so gehandhabt, wenn ich vor lauter Bäumen den Wald nicht mehr gesehen habe. Und es hat sich als sehr effektiv herausgestellt. Im Fall dieser beiden Personen habe ich die Ereignisse mit Stichworten aufgeschrieben, die mich im Laufe unserer Freundschaft – oder was auch immer das war – irritiert oder besonders happy gemacht haben. Ich habe auch notiert, was mich an mir selbst gestört hat, wenn ich mit ihnen Zeit verbracht habe. So habe ich einen wirklich guten Überblick über die Freundschaften bekommen und konnte in meinem Kopf alles besser zuordnen.

Jetzt, wo ich es so niederschreibe, klingt es ein bisschen obsessiv, vielleicht ist es das auch, aber es hat mir letztendlich sehr dabei geholfen, meine Gedanken zu fassen, zu ordnen und zu realisieren. So musste ich feststellen, dass ich zwar auch nicht immer ganz cool gehandelt habe, aber dass ich nur ein kleiner Teil des Problems war. Meine Gedanken waren plötzlich wieder sortiert, mein Gewissen war rein und mein Schlaf wieder gut. Was ich damals nicht am Radar hatte, war, dass dieser alte Bogen Packpapier, den ich noch von irgendeiner der vielen gescheiterten Bastelprojekte übrig hatte, mein Leben sehr beeinflussen wird. Es war quasi der Beginn meiner Liebe zur Selbstfürsorge.

Während die Beautyindustrie, soziale und klassische Medien uns davon überzeugen wollen, dass Selfcare hauptsächlich etwas mit unserem Äußeren zu tun hat, bin ich davon überzeugt, dass keine Augenmaske, kein Schaumbad, keine Eissorte und kein Sixpack dieser Welt uns

nachhaltig zu glücklicheren und ausgeglicheneren Menschen machen kann.

Ich glaube sogar, dass es anfangs extrem mühsam und anstrengend ist, ernstzunehmende Selfcare zu betreiben. Aber wenn man mal in der Materie drin ist, gibt's kein Zurück mehr ins alte Leben.

Ein riesiger Faktor der Selfcare ist für mich das Wort *Nein*. Ein Wort, das ich früher nicht gerne benutzt habe, weil es in meinem Kopf immer mit so viel Ablehnung und Enttäuschung verbunden war. Und weil es nicht so selbstverständlich ist, dass wir Frauen es regelmäßig und mit Nachdruck sagen. Dabei ist es ein absoluter Lifechanger, wenn man es richtig einsetzt. So habe ich es mir abgewöhnt *Ja* zu sagen, wenn ich *Nein!* meine. Events, für die ich keine Nerven habe? *Nope!* Gefallen, für die ich keine Zeit habe? *Nein!* Kostenlose Arbeit für Konzerne? *No!* Männer, die mir die Welt erklären wollen und mich von oben herab behandeln, weil ich eine (Schwarze) Frau bin? *Definitiv: Nein!* Fragen in meinem Postfach, die man googeln könnte? *Nope!* Diskriminierende Aussagen jeglicher Form (in meiner Anwesenheit)? *Absolutely not!* Kontakt mit Menschen, die mich Energie kosten und meine Grenzen nicht respektieren? *Fuck, no!* Für all diese und die anderen hier nicht erwähnten *Neins* habe ich anfangs viel Backlash bekommen. Ich wurde nicht selten als schwierig und anstrengend abgestempelt und ich möchte euch nicht anlügen – das hat am Anfang wehgetan. Nach und nach habe ich aber realisiert, dass der Fehler nicht bei mir liegt, sondern bei einer Gesellschaft, die es einfach gewohnt ist, dass Frauen sich aufopfern und Ja sagen. Eine Sache, die bei Menschen mit Migrationshintergrund oft noch etwas stärker ausgeprägt ist, weil man Unterwürfigkeit quasi schon unter dem Deckmantel der Kultur als Kind eingeimpft bekommt. Man lernt von klein auf, dass es sich nicht gehört, zu Erwachsenen Nein zu sagen und dass bedingungsloses Gehorchen ein Muss ist. Ich war eines von diesen Migra-Kids, ihr könnt euch also vorstellen, wie viele unangenehme Situationen es gebraucht hat, bis ich intus hatte, dass es in Ordnung ist, nicht das zu machen, was andere Menschen, die ich teilweise von Geburt an kenne, von mir möchten oder erwarten. Das war's mir aber wert. Genauso wie ich den Menschen, die auf der Strecke geblieben sind, weil sie nicht verstanden beziehungsweise auch nicht respektiert haben, dass ich nicht ihr scheiß Fußabtreter, emotionaler Mistkübel oder ihre Praktikantin bin, mittlerweile nicht mehr hinterhertrauere. Möchte ich wirklich Menschen in meinem Umfeld haben, die nicht verstehen, dass ich mir selbst wichtig bin? Nein, möchte ich nicht! Das schreit ja quasi nach emotionaler Selbstgeißelung und da bin schon wieder raus. Ciao, Kakao!

Beim Abgrenzen ist es ähnlich. Niemand möchte Grenzen gesetzt bekommen. Jede*r sollte es aber tun. Aus Respekt vor sich selbst in allererster Linie. Wenn ich etwas nicht in Ordnung finde, melde ich mich zu Wort. Wenn ich etwas nicht tun möchte, melde ich mich zu Wort. Vielleicht nicht sofort und je nach Situation nett und manchmal weniger nett, aber ihr könnt euch darauf verlassen, dass ich mich zu Wort melde, weil ich mich abgrenze und realisiert habe, dass ich tatsächlich niemandem etwas schuldig bin – außer mir selbst. Keinen Rückruf, keine Freundschaft, keine Erklärung und schon gar keine Rechtfertigung. Absolut gar nichts. Wenn ich irgendwas von dem oben Genannten doch tue, dann weil ICH es möchte und nicht weil es jemand von mir verlangt. Das liest sich jetzt wahrscheinlich sehr trotzig und wahrscheinlich auch ein bisschen ungewohnt, aber es ist, was es ist.

Ich lebe in einer freien Welt, habe meinen eigenen Willen und bin eine erwachsene Frau. Nur, weil es gesellschaftlich von mir erwartet wird, werde ich mein Leben nicht anders führen. Grenzen setzen ist Übungssache – und puh, kann das unangenehm werden –, aber ich verspreche euch, ohne Hexenkreuz, wenn man den Dreh mal raus hat, ist es unfassbar befreiend. Und wisst ihr was? Ihr müsst auch nicht immer freundlich dabei bleiben. Noch so eine Sache, die man uns Frauen angehängt hat, damit die Männerwelt ein gemütlicheres Leben führen kann. Jede*r von uns ist ein vollwertiger Mensch und verdient es, mit Respekt behandelt zu werden. Und wenn dem nicht der Fall ist, dann ist es okay, das deutlich – und wenn es sein muss auch scharf und laut – zu kommunizieren. Ihr seid keine menschlichen Sandsäcke, mit denen man umgehen kann, wie man möchte. Ihr seid Personen mit Gefühlen und Bedürfnissen, und genau so solltet ihr behandelt werden. Kann das nicht gegeben werden, dann muss sich etwas an der Situation ändern. Wahrscheinlich ist es ein guter Zeitpunkt zu gehen, die Freundschaft zu kündigen, die Beziehung aufzulösen oder die Person zu blockieren. Wir haben Besseres verdient!

Geht mal in einer ruhigen Minute in euch und überlegt, wie oft ihr euch etwas gefallen lassen habt, weil ihr nicht anstrengend, aufmüpfig, nervig oder unsympathisch sein wolltet?

Und? Die meisten von euch wahrscheinlich oft. Ich früher auch. Aber ich wusste es nicht besser. Es wurde mir auch nicht anders beigebracht. In Wahrheit wurde es uns allen nicht anders beigebracht. Schon allein, weil ich ein Mädchen war und mir früh die Mutterrolle umgehängt wurde. Und vielen von euch wird es nicht anders gehen. Man ist zu dem Zeitpunkt oft noch nicht einmal geschlechtsreif und wird so sozialisiert, dass man als weiblich gelesene Person nicht nur devot, sondern auch chronisch fürsorglich sein soll. Letzteres auch noch in der falschen Reihenfolge: zuerst die anderen und dann man selbst. Das ist quasi das Motto, unter dem Mädchen großgezogen wurden und immer noch werden. Für sich selbst bleibt in der Regel kaum Zeit oder Energie. Do you smell bullshit? I do!

Diese Selbstaufopferung, in der viel zu viele Frauen Profis sind, ist mit aller Wahrscheinlichkeit ein Akt der Liebe, zumindest glaubt man das. Aber die Sache ist die: Wenn ihr selbst nur noch auf Sparflamme lauft und das bisschen Energie, das ihr habt, nicht in euch investiert, wird der Schuss nach hinten losgehen. Im schlimmsten Fall nehmt ihr es den Menschen übel, denen ihr geholfen und die ihr umsorgt habt. Das ist ja wohl wirklich nicht der Sinn der Sache.

Dass man es allen recht machen möchte, hat auch etwas damit zu tun, dass man im Gegenzug Anerkennung möchte. Das ist in vielen Menschen tief verwurzelt und muss oftmals aufgearbeitet werden, indem man sehr ehrlich mit sich selbst ist und hinterfragt, wieso man emotional so sehr auf die Zuneigung gewisser Menschen angewiesen ist. Wer nicht ständig sein letztes Hemd gibt, ist keine schlechte Person, sondern jemand, der einfach wirklich gut mit seiner Energie haushaltet.

Anerkennung ist cool, aber nicht davon abhängig zu sein ist cooler.

Ich kann mir gut vorstellen, dass einige von euch gerade jetzt in einer Situation stecken, die – was die Selbstfürsorge betrifft – ausweglos erscheint. Niemand nimmt euch die Kinder ab, keiner hilft bei der Pflege eurer Verwandtschaft oder organisiert das gottverdammte Gruppengeschenk? Ich will's mir gar nicht vorstellen. Aber hier ein Lösungsansatz, der euch vielleicht dabei hilft, etwas besser klarzukommen: Ihr müsst nicht immer 100 Prozent geben! Irgendwas zwischen 70 und 80 reichen auch. Versucht, nicht kurzfristig zu planen, spart auf einen Babysitter, wenn es sein muss, und organisiert euch euren Selfcare Day langfristig und regelmäßig. Gebt euren Kindern ausnahmsweise mal nicht den selbstgekochten Brei, sondern irgendwas, das schnell geht, und stellt jemanden ein, der eure Oldies zumindest für einen halben Tag pflegt. Niemand wird es euch übelnehmen, eure Kinder werden nicht traumatisiert, wenn ihr euch eine kleine Auszeit gönnt. Und wenn es kein Gruppengeschenk gibt, dann bekommt das Geburtstagskind vielleicht lauter Kleinigkeiten, über die es sich auch freut und die jede*r einfach selbst organisiert. Das Leben geht garantiert weiter – auch ohne eure aufopfernden Taten.

Selfcare ist meiner Meinung nach dann notwendig, wenn sie am schwersten umzusetzen ist.

Lest das nochmal, wenn ihr es bei ersten Mal noch nicht verinnerlicht habt.

SITUATIONSHIP

Läuten wir dieses Kapitel doch am besten mit einer sehr wichtigen Information ein, die man nicht oft genug sagen kann:

> **Euer Beziehungsstatus definiert euch nicht! Und die Anzahl eurer vergangenen Beziehungen sagt nichts über euren Wert als Menschen aus.**

Ihr seid nicht weniger Frau, Mann oder (hier bitte Namen eingeben), wenn ihr noch nie in einer langen Beziehung wart!

Schön, dass wir das geklärt und hoffentlich auch verinnerlicht haben. Ich selbst bin alles andere als ein Beziehungsprofi. Bevor ich mit meinem Mann Markus zusammengekommen bin, war ich in einer Handvoll Beziehungen, die irgendwas zwischen drei Wochen und drei Jahren gedauert und aus den unterschiedlichsten Gründen nicht funktioniert haben. Rückblickend hätte man jedes Mal 50 Meter gegen den Wind schon erkennen können, dass das zum Scheitern verurteilt war, aber immerhin habe ich von meinen Verflossenen viel gelernt. Vor allem darüber, was ich an einem Mann, mit dem ich in einer Beziehung bin, besonders mag oder inakzeptabel finde. Mir war das meistens erst bewusst, wenn die Männer mich sitzen gelassen haben, ich mit meinem Liebeskummer zu meinen Freundinnen gegangen bin und die mir punktgenau und sachlich sagen konnten, warum es nicht funktioniert hat.

Im Übrigen habe ich in meinem Leben mit zwei Männern Schluss gemacht. Mit dem einen, nennen wir in „Y", nach drei Monaten – nachdem ich festgestellt habe, dass ich einfach nicht auf ihn stehe. In diese Beziehung bin damals reingerutscht und wurde quasi nach einem Kuss als Freundin vorgestellt. Unterbewusst wusste ich schon, dass das mit uns zwei kein gutes Ende nehmen wird, aber ich wollt's trotzdem probieren. Mein Unterbewusstsein hatte wie immer recht. Und mit S. habe ich damals Schluss gemacht, weil er mir einfach keine Luft zum Atmen gelassen hat ... drei Jahre nach dem Ende unserer Beziehung übrigens auch noch nicht. Er war davon überzeugt, dass wir füreinander bestimmt sind und wollte nicht wahrhaben, dass ich das nicht so sehe. Jedenfalls haben sonst alle Männer mit mir Schluss gemacht – und ihr werdet es nicht glauben, aber es ist mir scheißegal. Ab einem gewissen Punkt in unserer Beziehung wusste ich bei jedem einzelnen meiner Ex-Partner, dass sie nichts für mich sind, habe aber immer beide Augen zugedrückt, toxisches Verhalten nicht erkannt, ignoriert oder ausgehalten. Eine Sache des Selbstwerts und auch gesellschaftlicher Normen, zu denen ich konditioniert wurde. Heute weiß ich, dass ich nichts aushalten oder aussitzen muss. Dass Streiten normal ist, aber dass es eine gesunde und respektvolle Streitkultur braucht. Dass beide dasselbe Ziel vor Augen haben müssen, damit man nicht ständig in entgegengesetzte Richtungen läuft, und dass Beziehungen, die wir aus den Medien kennen, nichts mit denen aus dem echten Leben zu tun haben.

Beziehungen sind schön, sie sind aber auch harte Arbeit, bei der sich keiner der Beteiligten verbiegen, sondern höchstens weiterentwickeln sollte.

Eine Regel, die übrigens auch jenseits von Liebesbeziehungen gilt. In Wahrheit beginnt das schon beim Daten. Ein Thema, von dem ich nicht so viel weiß, weil ich nie gern auf Dates gegangen bin, meine Ex-Partner immer anders kennengelernt habe und in meinem Leben noch nie eine Dating-App benutzt habe. Was ich allerdings bei den wenigen Rendezvous, auf denen ich war, gelernt habe, ist, dass es nichts bringt, das Offensichtliche auszublenden. Es holt einen früher oder später ein. Zum Beispiel hatte ich mal ein Date mit einem Typen, den wir hier einfach mal F. nennen. Er war gerade dabei, war die Abendschule abzuschließen und sehr stolz darauf, mit Mitte 20 und berufstätig doch noch die Matura nachzuholen. Natürlich habe ich ihn darin bestärkt. Wieso auch nicht?

„Du bist so hübsch, du hast die Schule sicher auch nicht fertig gemacht, gell? Gott sei Dank, ich mag keine obergescheiten Frauen. Das nervt, wenn sie glauben, sie wissen mehr als Männer!", meinte der F., den ich am Wochenende davor im Club kennengelernt hatte. Er hat mich auf Facebook gesucht, angeschrieben und gefragt, ob wir was trinken gehen können. Damals sprach nichts dagegen, wir haben uns im Club ja sehr nett unterhalten. Es waren aber doch einige Long Island Ice Teas im Spiel und wie sich im Nachhinein herausgestellt hat, haben wir uns doch nicht so nett unterhalten. Eigentlich habe ich nur die Hälfte von dem, was er gesagt hat, gehört. Die Wahrscheinlichkeit ist hoch, dass er viel Blödsinn geredet hat und ich es einfach nicht gecheckt habe. Die Wahrscheinlichkeit ist sogar sehr hoch. Jedenfalls dachte ich, er macht mit dem Satz einen schlechten Scherz. Ich habe ihn angeschaut, nicht gelacht und stattdessen gefragt, ob er das lustig findet, während ich meiner Freundin schon eine „Save Me"-SMS schrieb, die dazu führen sollte, dass sie mich in fünf Minuten anruft, um mir zu sagen, dass sie „meine Hilfe" braucht. Es war kein Scherz. Er meinte es ernst und hat versucht, mir zu erklären, dass es zwischen ihm und seiner Ex aus ist, weil sie zu studieren begonnen hat und plötzlich geglaubt hat, sie ist jemand. Meine Ohren haben geblutet. Ich konnte und wollte nicht glauben, was er da gesagt hat und finde es bis heute unglaublich, dass ich dieses Date ausgesessen habe. Die einzig richtige Reaktion darauf wäre gewesen, aufzustehen und zu gehen. Der Vibe – sofern man das so nennen kann – war in Wahrheit schon off, nachdem er überrascht war, dass ich ein Bier bestellt hatte. Da war von meiner schulischen Laufbahn noch nicht einmal die Rede. Meine Freundin ist übrigens eingeschlafen und hat ihr Handy nicht gehört.

An dem Tag habe ich mich mir selbst gegenüber nicht sonderlich respektvoll verhalten. Ich hätte mir das von keiner Frau dieser Welt sagen lassen, aber von diesem Typen, der offensichtlich von starken Frauen verunsichert ist, schon? Ich habe meine Zeit verschwendet, zu versuchen, jemanden eines Besseren zu belehren, der einfach nicht dieselben Ansichten teilt wie ich, der Frauen gern klein hält und noch nicht einmal weiß, wie unzufrieden er ist. Mein Selbstwert und meine Menschenkenntnis sind zu dem Zeitpunkt schon ausgeprägt genug gewesen, dass ich mir dessen bewusst sein hätte sollen, dass das mit uns nichts wird. Aber ich dachte damals noch, dass es etwas mit Höflichkeit zu tun hat, nicht einfach zu sagen „Hey, weißt du was! Das mit uns wird nichts. Wir sind einfach zu verschieden!" und zu gehen. Stattdessen habe ich versucht, ihn davon zu überzeugen, dass seine Ansichten scheiße sind. Der Schuss ist natürlich nach hinten losgegangen und ich war schnell eine von „den Weibern, die glaubt, sie ist ur gescheit". Dabei habe ich es nicht nur geglaubt. Ich hab's gewusst.

Das liest sich jetzt wieder ein bisschen dramatisch, aber an dem Abend habe ich viel gelernt – über mich selbst und übers Daten. Ich habe mir geschworen, nie wieder was mit einem Typen anzufangen, mit dem ich nicht auch befreundet sein könnte. Es bringt mir ja nichts, jemanden zu daten, den ich zwar scharf, aber sonst nervig finde. Mittlerweile bin ich mit dem Mann verheiratet, mit dem ich über 16 Jahre eine sehr innige Freundschaft gepflegt habe. Aber das ist eine andere Sache.

Mir ist an dem Abend auch bewusst geworden, wie anstrengend ich diese Daterei finde. Ich hasse Small Talk, Männer sind von mir schnell eingeschüchtert, weil ich viele Fragen stelle. Und ich weiß nicht, was es bedeutet, sich von seiner besten Seite zu zeigen. Also ich weiß schon, was es heißt, aber es fällt mir schwer zu filtern, was zu viel und was zu wenig Information ist, weil ich das Konzept hinter der „besten Seite" nicht verstehe. Mir leuchtet nicht ein, warum ich nicht ein bisschen was von allen oder zumindest den meisten meiner Facetten zeigen kann und umgekehrt, damit mein Gegenüber die Katze nicht im Sack kaufen muss. In meinem Kopf war das Ziel eines Dates ja immer, dass man sich im Idealfall mag, verliebt und Lebensabschnittspartner*innen wird. Wieso muss ich mich dann verstellen?

Natürlich werde ich da mein außergewöhnliches Talent des Rülpsens auf Anfrage im Restaurant nicht präsentieren, aber wieso kann ich nicht erzählen, dass ich es kann? Weil es ihn abschrecken könnte? Will ich mit jemandem zusammen sein, den das abschreckt? Nein, will ich nicht. Wann ist es passiert, dass es wichtiger ist, bei einem Date gemocht zu werden, als jemanden zu mögen? Das kann doch über kurz oder lang kein gutes Ende nehmen, oder? All diese Fragen habe ich mir gestellt und nie eine richtige Antwort bekommen. Von da an waren alle Dates, die ich hatte, zwar mehr oder weniger nett, aber das war's auch schon. Ich war aber auch die meiste Zeit gern Single. Meine Freundinnen und ich waren ja sowieso mit Arbeiten, Leben und Ausgehen beschäftigt. Da waren Männer zwar eine nette Abwechslung, aber nicht essentiell. Keine Sorge, das klingt cooler, als es eigentlich war. Wir waren regelmäßig in irgendwen verliebt und es gab unnötiges Drama, aber rückblickend war es nie so ernst.

Wenn ich heute mit meinen Single-Freundinnen und -Freunden spreche, erzählen mir die meisten dasselbe. Sie ziehen immer wieder denselben Typ Mensch an und wundern sich, dass es nicht funktioniert. Lang habe ich mir gedacht, dass es nur Zufall ist oder dass es heute in Zeiten von Tinder, Grindr & Co. eh allen gleich geht, bis ich mal länger mit meinem Freund F. darüber gesprochen habe. Er ist Mitte 30, immer wieder in Beziehungen, die nur bedingt lang halten, nett beginnen und damit enden, dass die Männer ihn wie Dreck behandeln, betrügen oder gar ghosten. Unter normalen Umständen läuft es dann so ab: Wir treffen uns, er erzählt mir, was passiert ist, wir stellen fest, dass viele Männer scheiße sind, dass sie meinen wunderbaren Freund nicht verdient haben und dass es nicht an ihm liegt. Beim letzten Mal habe ich ihn allerdings gefragt, wie es so weit kommen konnte, dass diese „Liebeskummer-Dates" schon fast Jour-Fix-Status haben? Er war schockiert und ich glaube auch ein bisschen beleidigt, aber ich hatte das Gefühl, dass er sich in eine Position begeben hat, die er irgendwie bequem fand, die aber eigentlich toxisch ist. Er datete, obwohl er sich selbst gerade – aus welchem Grund auch immer – nicht mochte.

Das hat dazu geführt, dass er sich Aufmerksamkeit und Bestätigung von Männern geholt hat, die ihn zwar abgelenkt haben, aber mehr auch nicht. Es war, als würde man ein Pflaster über eine klaffende Platzwunde kleben. Der Plan geht nicht auf und endet höchstens im Krankenhaus. In diesem Fall war es eben eines unserer liebsten Restaurants. Die Story hat ein Happy End, denn mein Freund lebt jetzt in einer glücklichen Beziehung – mit sich selbst. Er hat sich mit sich selbst auseinandergesetzt, hinterfragt, wieso sein Selbstwertgefühl einen Tiefpunkt erreicht hat, und hat eingesehen, dass auch er seinen Beitrag dazu geleistet hat, dass diese Beziehungen immer wieder denselben Ablauf hatten und am Ende nie funktioniert haben. Was nicht bedeutet, dass er schuld ist, sondern dass er sich oftmals selbst in Situationen gebracht hat, die ihn von seinem eigenen Schmerz, der Einsamkeit, der Selbstreflexion und dem Gefühl der Minderwertigkeit ablenkten, anstatt seine Energie in sein Wohlbefinden zu investieren.

Unter uns: Ich bin froh, dass diese Beziehungen ein Ablaufdatum hatten, weil mein Freund mit sehr hoher Wahrscheinlichkeit in einer toxischen gelandet und schwer wieder rausgekommen wäre.

Schädliche Beziehungen sind nämlich in unserer Gesellschaft gang und gäbe. Sie sind schon so normal geworden, dass wir sie oftmals nicht gleich als fragwürdig ansehen. Besonders, wenn das Selbstvertrauen ein all time low erreicht hat. Das ist mitunter auch ein Grund dafür, wieso Menschen in ihnen bleiben. Abgesehen von mangelndem Selbstwert, der Manipulation durch den Partner oder die Partnerin – so, dass man oft nicht mehr weiß, was echt und eingeredet ist – und der Gesellschaft, die speziell uns Frauen sagt, dass man das aussitzen muss – besonders, wenn man Kinder hat. Well, ich bin hier, um zu sagen, dass dem nicht so ist:

Niemand muss irgendetwas aussitzen. Schon gar keine Beziehung mit jemandem, der oder die einen nicht gut behandelt.

Hurt people hurt people! An dem Spruch ist etwas dran, und wenn die Person, mit der man zusammen ist, sich nicht bemüht zu heilen und ihren Beitrag zu leisten, ist die Beziehung zum Scheitern verurteilt.

Wenn Kinder im Spiel sind, verkompliziert sich alles. Abgesehen von Sorgerechts- und Zahlungsstreitereien kommt da auch noch die alteingesessene Welt dazu, die einem weismachen möchte, dass man es bitte möglichst vermeiden sollte, sich zu trennen, wenn es Nachwuchs gibt. Ich bin kein Elternteil und halte das trotzdem für den ultimativen Blödsinn. Allerdings möchte ich mir auch gar nicht ausmalen, wie schwer es sein muss, welche Vorwürfe man sich anhören muss und welche Ängste man hat, wenn man sich für eine Trennung entscheidet. Besonders als Frau und wenn man emotionalen Missbrauch als Grund angibt. Schon gar nicht in einem Land, in dem Femizide quasi schon zur Tagesordnung gehören und bezüglich Gewalt gegen Frauen zwar viel Handlungsbedarf besteht, aber viel zu wenig getan wird.

Ich möchte mir aber auch nicht vorstellen, wie es ist, wenn man schon so abgestumpft ist, dass man das Leben in einer toxischen Beziehung einfach erträgt. Dass man Zuckerbrot und Peitsche schon gewohnt ist und sich der Situation einfach hingibt und auf bessere Zeiten wartet, weil man keine Energie mehr hat.

Hier sind ein paar Situationen, bei denen eure Alarmglocken schrillen und ihr eure Beziehung in Frage stellen solltet:

- Ihr seid nur noch aus Angst, es alleine nicht zu schaffen, mit ihr*ihm zusammen, nicht aus Liebe.
- Ihr wisst nach einer Diskussion nicht genau, was ihr wirklich gesagt habt und was euch in den Mund gelegt wurde.
- Wenn die Person euch verlassen würde, wärt ihr erleichtert.
- Ihr macht euch klein, damit sie*er sich besser fühlt.
- Ihr seid nicht mehr überrascht von ihrem*seinem Benehmen, höchstens ausgelaugt und passiv.
- Nach Hause zu kommen ist oft eine Qual.
- Ihr habt keinen Überblick mehr, wie oft ihr von der Person enttäuscht wurdet.
- Ihr seid schon lange nicht mehr glücklich.

Es steht mir nicht zu, euch zu sagen, dass ihr euch trennen sollt oder nicht. Wir kennen uns ja nicht. Aber wenn ich das Gefühl hätte, dass ihr in einer toxischen Beziehung seid und ihr mich – rein hypothetisch – um Rat fragen würdet, wäre mein erster: Schau, dass du da rauskommst. Ich würde euch wahrscheinlich sagen, dass ihr alles genau planen solltet. Step by step. Und dass ihr alle Szenarien durchplanen und euch – wenn möglich – auch ein bisschen Geld zur Seite legen solltet. Rein theoretisch würde ich euch auch dazu raten, euch rechtlichen und emotionalen Beistand zu holen und euch mental darauf vorzubereiten, dass ihr diese Beziehung beenden werdet. Im Falle des Falles würde ich euch immer wieder daran erinnern, dass ihr nichts überstürzen sollt, damit ihr es auch durchziehen könnt und nicht in Versuchung kommt, zurückzugehen. Weil es sicher hart wird am Anfang.

Bei körperlicher Gewalt würde das alles ein bisschen anders aussehen. Da gilt es keine Zeit zu verlieren. Ich würde euch dazu raten, bei der Polizei und auch dringend bei einer der verschiedenen Servicelines anzurufen, die Opfern von häuslicher Gewalt helfen.

Um dieses Kapitel on a better note zu beenden, erzähl ich euch noch kurz von meiner Freundin J. Sie war vor ein paar Monaten auf einem Date mit einem Typen, der es „peinlich" fand, dass sie sich als heterosexuelle, weiße Frau für die LGBTQ+ Community, BLM und Klimawandel einsetzt und sich dann auch noch als Feministin bezeichnet – als ob das dann noch eine große Überraschung wäre, aber okay. Er meinte, sie sei einschüchternd. Sie hat ihn dann korrigiert und ihn darauf hingewiesen, dass nicht sie einschüchternd, sondern höchstens er eingeschüchtert sei. Sie redet heute noch davon, wie legendär ihr Mic Drop und der Gesichtsausdruck dieses Typen waren, nachdem sie diesen Spruch, den sie übrigens auf Instagram aufgeschnappt hat, gebracht hat. Es war ein kurzer, aber ein sehr einschlagender Moment in ihrem Leben.

Was lernen wir also daraus: Instagram liefert tolle Sprüche, um chauvinistische Komplexler aus der Bahn zu werfen! Ein Date oder eine Beziehung auszusitzen ist sinnbefreit, Zeitverschwendung und einem selbst gegenüber nicht fair! Ein Dealbreaker ist ein Dealbreaker ist ein Dealbreaker. Den kann man zwar am Anfang einer Beziehung beiseiteschieben, aber er holt einen früher oder später ganz sicher ein.

Alles, was ich hier bis jetzt geschrieben habe, dreht sich hauptsächlich um amouröse Beziehungen. Dabei gilt das für freundschaftliche und familiäre genauso. Blut ist definitiv nicht dicker als Wasser. Man kann auch bei Familienmitgliedern Grenzen setzen oder den Kontakt abbrechen, wenn sie einem nicht guttun. Aussitzen ist einfach keine Lösung!

FLAWLESS

Nope. Not me! Aber was soll ich sagen, ich mag mich trotzdem, wenn nicht sogar WEIL ich nicht flawless und somit fehlerlos bin! Das meine ich genauso eingebildet, wie es sich liest, weil ich mich ja wirklich toll finde. Rein theoretisch würde man sich das von einer Frau wie mir nicht erwarten. Ich bin 38, habe keine Kinder, trage Konfektionsgröße 40 bis 44, bin Schwarz, entspreche keinem Schönheitsideal und bin Studienabbrecherin. All das hält mich aber nicht davon ab, mich trotzdem richtig cool zu finden. Das ist aber beim besten Willen nicht selbstverständlich und hat in Wahrheit viel damit zu tun, dass ich in einem Umfeld aufgewachsen bin, das mir zwar einerseits all diese merkwürdigen und unerreichbaren Schönheitsideale um die Ohren geworfen hat, aber anderseits war ich auch von Frauen umgeben, die so ausgesehen haben wie ich und die in meinen Augen Superheldinnen waren.

Seit Generationen wird speziell uns Frauen eingeredet, wie wir uns zu verhalten haben, wie wir aussehen dürfen, was sich schickt und was sich nicht schickt, und absurderweise hat es viel zu lange funktioniert.

Ganz besonders, wenn es um unser Aussehen geht: Irgendwann hat irgendwer, den wahrscheinlich niemand gefragt hat, beschlossen, dass weiße Frauen mit langen Haaren, makelloser Haut, Stupsnase, schlanker Statur, ohne Behinderung, ohne Körperbehaarung und Rundungen an den „richtigen Stellen" (wo auch immer das sein soll) das Optimum einer weiblichen Person sind. Wenn sie dann auch noch eher devot als aufmüpfig, nicht ordinär, nicht laut und gebärfähig ist, hat man mit ihr den Jackpot gemacht. Once again: I call bullshit!

Bullshit, der seit Generation weitergeben wird, erheblichen Schaden angerichtet hat und das Selbstbewusstsein vieler Frauen zerstört hat – um nicht sogar zu behaupten der meisten Frauen. Nämlich unterschwellig auch das von denen, die dieser Norm entsprechen.

Und gerade, als wir beginnen, das zu realisieren, aufzuarbeiten und etwas dagegen zu tun, kommt etwas Neues um die Ecke. Die Body Positivity. Eine Bewegung, die aus dem Fat Acceptance Movement heraus entstanden ist und sich eigentlich dafür einsetzt, diese absurden Schönheitsideale und die damit verbundene Diskriminierung im Keim zu ersticken. Aber wie das nun mal so ist in der heutigen Zeit, ist dank Social Media daraus ein Hype mutiert, der schon leicht toxische Tendenzen vorweist. Plötzlich waren da schlanke Menschen, die sich quasi verrenken mussten, um zwei Röllchen am Bauch zum Vorschein zu bringen, ein Foto zu machen und Hashtags wie #loveyourself #bodypositivity zu missbrauchen. So schnell konnten wir Body Positivity gar nicht sagen, da war dieser Ausdruck schon omnipräsent und nahezu ausgeschlachtet – von mir inklusive. Wer sich nicht selbst – am besten 365 Tage im Jahr, 24 Stunden, 7 Tage die Woche – liebt, hat verloren, hieß es quasi von allen Seiten auf einmal, und ein neuer Weg, auf Frauen Druck auszuüben, wurde geboren.

Und jetzt mal unter uns: Wie viele von euch schauen sich jeden Tag in den Spiegel und denken sich: „Yes! Ich bin

so scharf! Ich liebe mich ... auch mit Blähbauch oder ange-
schwollenem Gesicht! Hashtag Body Positivity!" Ich sag's
gleich: not me. So sehr ich mich selbst wirklich liebe, gibt es
Tage, an denen ich beim Anblick meines Spiegelbildes die
Augen verdrehe und weitergehe. Dann mag ich mich halt
einfach nicht. Auch okay. So wie ich meinen Mann zwar liebe,
aber wenn er mal wieder mein Nervenkostüm strapaziert,
mag ich ihn halt auch mal temporär nicht. Das kann und darf
passieren. Ganz besonders, wenn es um euch selbst geht. Alles andere schreit wieder nach Perfektion und keinem Raum
für Fehler und das braucht nun wirklich kein Mensch.

> **Mein Körper leistet Unfassbares. Tag ein Tag aus. Und dieser Fakt ist die Grundlage für mein Verhältnis zu meinem Körper. Wenn ich ihn schon nicht nonstop lieben kann, dann kann ich ihn zumindest nonstop akzeptieren.**

Deswegen bin ich Team Body Neutrality und nicht Body Positivity. Denn ich glaube, in einer Welt, in der Schönheitsideale
nicht nur utopisch, sondern auch sexistisch, heteronorma-
tiv, rassistisch, behindertenfeindlich und altersdiskriminie-
rend sind, ist es fast nicht möglich, sein Äußeres bedingungs-
los zu lieben. Ich schreibe bewusst „fast", weil Ausnahmen ja
bekanntlich die Regel bestätigen und die Hoffnung zuletzt
stirbt. Aber bis dahin wird es dauern. Es müssen toxische
Normen aufgebrochen werden, es braucht mehr sichtbare
Diversität, wir alle, aber vor allem Männer müssen sich des-

sen bewusste werden, welche negativen Auswirken das Patriarchat und dementsprechend ihr Benehmen hat, und Frauen müssen noch mehr zusammenhalten. All das wird nicht über Nacht passieren. Es wird Zeit brauchen. Es wird eine Veränderung der Medienlandschaft brauchen, die im Moment vor allem von weißen, heterosexuellen Cis-Menschen geführt wird. Es wird einen Wandel in der Kosmetikindustrie und der Modewelt brauchen, die vor Ismen nur so strotzen. Und es wird vor allem die Gesellschaft brauchen, die versteht, dass wir es besser machen müssen. Wir werden öfter mal wieder drei Schritte vorwärts und fünf Schritte rückwärts machen, anecken und unangenehme Erkenntnisse machen, aber wir werden dort hinkommen.

Bis all diese Dinge und noch vieles mehr passiert, brauchen wir uns nicht auch noch dem Druck der Body Positivity auszusetzen, sondern machen lieber Babysteps und beginnen mit der Body Neutrality. Sprich: dem neutralen Verhältnis dem eigenen Körper gegenüber. Reine Akzeptanz. Die ist ja bekanntlich die Basis der Liebe. Auch der Selbstliebe.

DOIN' IT

Sex war für mich bis vor ein paar Jahren völliges Neuland. Also natürlich weiß ich, wie der Akt an sich funktioniert. Dass alle Beteiligten freiwillig bei der Sache sein sollten, weil es sich sonst um eine Vergewaltigung handelt, wusste ich natürlich auch, aber dass ich klar kommunizieren kann und auch unbedingt muss, was mir im Bett oder wo auch immer gefällt und was nicht, weiß ich noch nicht so lange. Woher auch, auch das hat mir niemand beigebracht.

In meiner Familie war Sex nie ein Thema. Wenn im Fernsehen eine dieser lächerlich perfekten Liebesszenen gelaufen ist, sind alle Anwesenden peinlich berührt erstarrt und haben innerlich gebetet, dass es möglichst schnell vorbeigeht.

An Sexualkunde kann ich mich tatsächlich nicht mehr erinnern, es kann also nicht sonderlich lehrreich gewesen sein, und durchs Fernsehen und das Dr. Sommer-Team habe ich zwar viel gelernt, aber nie, wie ich auch befriedigt aus einer Nummer aussteige. Also habe ich das gemacht, was die Frauen in den Hollywood-Filmen gemacht haben: Orgasmen vorgetäuscht, versucht, möglichst schön und sinnlich auszuschauen und mich nicht zu beschweren, wenn mir etwas nicht so gut gefallen hat oder mich gelangweilt hat. Dass ich mich zu Wort gemeldet habe, wenn ich Schmerzen hatte oder etwas unangenehm war, war nur der Fall, weil ich nicht sonderlich gut darin bin, mir nicht anmerken zu lassen, dass mir etwas wehtut oder nicht gefällt. Lucky me.

Dabei ist Sex so vieles, aber nicht perfekt, nicht aalglatt und definitiv nichts von dem, was wir aus Film, Fernsehen und mittlerweile auch dem Internet kennen.

Aber allem voran ist es der Akt, der dazu geführt hat, dass die meisten von uns heute hier sind. Und trotzdem machen wir ein riesiges Tabu aus der Sache, die eigentlich die natürlichste der Welt sein sollte. Sofern man geschlechtsreif ist.

Ich war 16, als ich meine Jungfräulichkeit verloren habe, und ich hatte absolut keine Ahnung, was ich da tue. Und wenn ich jetzt so drüber nachdenke, hatte ich in den folgenden zehn bis zwölf Jahren zwar mehr Erfahrung, aber definitiv nicht mehr Ahnung. Mit meinen Freundinnen habe ich zwar immer darüber gesprochen, aber nie so richtig. Erst als mein Freund M. ein fixer Bestandteil meines Lebens geworden ist, habe ich gelernt, offen und ehrlich über Geschlechtsverkehr zu sprechen, und das hat mein (Sex-)Leben verändert. Er ist, glaube ich, bis heute nicht darüber hinweg, dass ich Freundinnen habe, mit denen ich ohne Übertreibung seit Jahren durch Himmel und Hölle gegangen bin, aber deren sexuelle Vorlieben ich nicht kenne. „Willst du mir sagen, dass ihr euch gegenseitig über Krankheiten, Hochzeiten, Liebeskummer, neue Jobs, verlorene Jobs, Männer, Frauen und so viele andere Sachen hinweggeholfen habt, aber dass ihr nicht wisst, welche Stellung euch am ehesten zum Kommen bringt?! Bitch, please. Stop! Ihr Heteros seid manchmal einfach komisch!", hat er damals gesagt, während er aus allen Wolken gefallen ist. Und er hatte recht. Unser gesellschaftlicher Umgang mit Sex ist komisch.

Den meisten ist es nämlich tatsächlich unangenehm, weil ihnen die Materie zu intim ist. Ein klitzekleiner Teil in mir kann das sogar nachvollziehen. Es wurde uns ja nicht anders anerzogen. Aber der Löwenanteil in mir packt das nur wenig. Schließlich geht man in Freundschaften oftmals durch dick und dünn, aber ein Gespräch zwischen zwei erwachsenen Menschen über Sex kann man nicht führen? Ein Fehler, wenn ihr mich fragt. Mir ist schon klar, dass das eines der vielen Dinge ist, die besonders uns Frauen schon in jungen Jahren so mitgegeben werden. Lange hat man erwartet, dass Frauen zwar Kinder auf die Welt bringen, aber nicht darüber reden, wie es dazu gekommen ist. Das nervt mich und motiviert mich höchstens noch mehr, möglichst offen mit den Menschen in meinem Leben über Sex zu sprechen ... zumindest mit denen, die es wollen.

Mir persönlich bringt es viel, mich mit meinen engen Bezugspersonen auszutauschen und einen realen Bezug zu Sex in einer Langzeitbeziehung zu bekommen. Denn wer zum Beispiel denkt, dass man nach fünf Jahren Beziehung immer noch so viel und gern vögelt wie nach fünf Monaten, der ist am völlig falschen Dampfer und wird im schlimmsten Fall nie oder spät realisieren, dass es tatsächlich Disziplin und ein bisschen Kreativität braucht, damit das Sexleben nicht einschläft. Und da geht's meistens nur um zwei Personen. Stellt euch jetzt mal vor, ihr habt gerade ein Kind auf die Welt gebracht, eventuell ein Geburtentrauma und schafft es einfach nicht, mit eurem Partner oder eurer Partnerin Sex zu haben – nur so als Beispiel. In so einem Fall ist es doch enorm wichtig, jemanden zu haben, mit dem man sich austauschen kann – urteilsfrei. Redet also bitte mit euren engen Vertrauten über Sex. Ihr müsst ja keinen Gruppenchat eröffnen, eine Person, der ihr euch anvertrauen könnt und die sich euch anvertraut, reicht vollkommen und macht einen wirklich großen Unterschied. Tauscht euch aus, lernt voneinander und bitte lasst euch von niemandem sagen, dass ihr zu viel oder zu wenig Sex habt. Jeder Mensch hat einen anderen Sexdrive, andere Bedürfnisse und andere Vorlieben. Noch so eine Sache, die ich erst lernen musste. Solange ihr also verhütet, nichts Illegales macht und niemanden ernsthaft und/oder gegen ihren bzw. seinen Willen verletzt, könnt ihr nicht viel falsch machen.

Ganz im Gegenteil. Gerade Frauen trauen sich oft nicht, ihre Sexualität in dem Maß auszuleben, wie sie es gern tun möchten, weil man so riskiert, gesellschaftlich als Schlampe abgestempelt zu werden. Dass Männer, die viel herumvögeln, selten bis nie verurteilt werden, haben wir der Misogynie zu verdanken. Laut ihr gehört es sich nicht, als Frau viel Sex zu haben, schon gar nicht mit mehreren Partnern oder Partnerinnen und erst recht nicht gleichzeitig oder parallel. Wieso genau das so ist, weiß niemand so recht. Aber das war schon immer so und es wurde uns jahrzehntelang so eingebläut, also wird es schon passen, nicht wahr? Nein! Es passt nicht!

Wenn man nicht zwingend in einer monogamen Beziehung ist, ist Promiskuität nichts Verwerfliches. In meinen Augen ist es sogar ein guter Weg herauszufinden, worauf man „im Bett" steht und worauf nicht. Natürlich solange Kondome im Spiel sind.

Und wenn wir schon dabei sind: Bitte sprecht Klartext mit euren Sexualpartner*innen. Wenn euch was wehtut, sagt es. Wenn ihr schon wieder nicht gekommen seid, sagt es.

Wenn euch langweilig ist, sagt es, und wenn sich irgendwas besonders gut anfühlt, sagt es auch. Es braucht keinen stundenlangen Aftersex-Talk, bei dem jeder Move ganz genau analysiert wird. Aber ein bisschen Kommunikation, wenn nötig, hat noch niemandem geschadet.

Im Übrigen haben die meisten Menschen Sex. Alte, junge, Menschen mit und ohne Behinderung. Queere und nicht-queere Leute. Und jede*r hat andere Vorlieben. Nur, damit wir uns vielleicht nochmal vor Augen führen, wie merkwürdig es ist, dass Sex so tabuisiert ist.

TRIGGERWARNUNG: Nur damit wir es hier auch nochmal geklärt haben. Consent is key. „Nein" heißt „Nein"! Und mit jemandem Sex gegen seinen oder ihren Willen zu haben, egal ob die Person bei Bewusstsein ist oder nicht – ist Vergewaltigung.

Wenn ihr Opfer sexueller Gewalt (gewesen) seid, möchte ich euch nochmal daran erinnern, dass ihr nie schuld seid. Nie. Egal was ihr anhattet, egal wo ihr wart, egal ob oder was ihr gesagt habt, egal wie betrunken oder high ihr wart. Die einzige Person, die Schuld trägt ist die, die euch das angetan hat, und dafür braucht ihr euch nicht schämen. NIEMALS.

THAT'S WHAT FRIENDS ARE FOR!

Ich liebe meine Freundinnen und Freunde. Das mal gleich vorweg. Es ist zwar keine bedingungslose Liebe, aber schon gefährlich nah dran. Wobei ich ja die Erwartungshaltungen, die Freundschaften mit sich bringen, fast nicht aushalte. Mir kann nämlich niemand sagen, wer das Gerücht in die Welt gesetzt hat, dass Freundschaften auf immer und ewig halten müssen. Das müssen sie nämlich nicht. Ich geh sogar so weit und behaupte, dass sie es nur in wenigen Fällen tun.

Wir sind Menschen, und auch, wenn es beim Blick in die Zeitungen schwer zu glauben ist, wir entwickeln uns stetig weiter. Wir ändern unsere Meinungen, lernen andere Leute kennen, tauschen uns mit eben diesen aus, entwickeln und verlieren Interessen, machen Erfahrungen, die uns prägen, und fühlen uns deswegen zu gewissen Personen mehr oder weniger hingezogen. Diesen Entwicklungswirbelwind muss eine Freundschaft mal aushalten. Was ich damit nicht sagen möchte, ist, dass man nur befreundet sein kann, wenn man dieselben Interessen hat. Ganz im Gegenteil.

Auf jeden Fall habe ich die Erfahrung gemacht, dass Freundschaften öfter in die Brüche gehen, als wir uns eingestehen möchten, und das ist – wenn man länger darüber nachdenkt – merkwürdig. Also die Tatsache, dass wir uns das nicht eingestehen möchten.

Warum ist es salonfähiger, eine Liebesbeziehung zu beenden als eine freundschaftliche? Wer hat diesen Blödsinn schon wieder bestimmt?

Ich hatte mal eine Freundin, mit der ich so eine klärende Konversation führen wollte, sonderlich weit gekommen bin ich nicht. Bevor ich überhaupt zum Punkt kommen konnte, war sie schon in ihrer altbewährten Opferrolle, hat die Fakten verdreht, gelogen und mich daran erinnert, dass sie mir mal Geld geliehen hat, das ich ihr zwar zeitnah wieder zurückgeben habe, aber deswegen eigentlich für immer dankbar sein sollte. Falls ihr ein gutes Beispiel für „Gaslighting" braucht, diese Reaktion wäre perfekt. Damals habe ich lange gebraucht, um dieses Verhalten zu erkennen. Geschweige denn es beim Namen nennen zu können. Die Freundschaft wurde trotzdem beendet. Selten war ich nach einem Gespräch so erschöpft und befreit gleichzeitig. Und obwohl ich es keine Sekunde lang bereut habe, war ich schon traurig.

Es hat den Reminder meiner Schwester gebraucht, die mich daran erinnert hat, wie angestrengt ich nach jedem Treffen war. Wie oft ich das Gefühl hatte, dass ich am Set von „Gute Zeiten, Schlechte Zeiten" bin, weil alles so übertrieben aufgebauscht und dramatisch war. Und wie einseitig und kräfteraubend diese Freundschaft unterm Strich eigentlich war. Ich war immer noch traurig, aber überzeugt und habe nie wieder zurückgeschaut.

Mit mir wurde auch ein paarmal platonisch Schluss gemacht. Und puuuh, ist das schmerzhaft! Liebeskummer ist ein Spaziergang dagegen. Man hat doch über die Zeit so viele

Gemeinsamkeiten entwickelt, Insider kultiviert und sich an die Präsenz dieser Person gewöhnt. Und dann ist von einem Tag auf den anderen Funkstille? Furchtbar. Aber eben etwas, das man respektieren sollte. Bei einigen weiß ich bis heute nicht genau, was das Problem war, und ehrlich gesagt ist es mir mittlerweile (!) auch egal. Sie werden schon ihre Gründe gehabt haben und ich habe kein Interesse daran, mit jemandem befreundet zu sein, der nicht mit mir befreundet sein möchte. Klingt trotzig, ist aber menschlich und wichtig. Wegen des Selbstwertgefühls und so.

Einer anderen Freundin gegenüber habe ich mich auch mal so richtig scheiße verhalten. Mir war die Freundschaft einfach zu viel. Jeder noch so kleine Atemzug wurde hinterfragt und kritisiert. Es ging sogar so weit, dass ich mich heimlich mit anderen Freunden getroffen habe, um Eifersuchtsszenen zu vermeiden. Anstatt es einfach anzusprechen und klar Grenzen zu ziehen, habe ich es mir verhältnismäßig lange gefallen lassen und mich über sie bei anderen Menschen beschwert. So falsch und so unnötig. Die Person, bei der ich mich ausgekotzt habe, hat mich am Ende gefragt hat, warum ich mir das überhaupt gebe. Ich muss ja nicht mit ihr befreundet sein, wenn ich nicht möchte. Aber bevor ich den Gedanken überhaupt verarbeiten konnte, war's schon zu spät. Sie hat alles gehört und wenn ich *alles* schreibe, dann meine ich *ALLES*. Das Ausmaß an Wut und Trauer lässt sich gar nicht in Worte fassen. Das ist bestimmt zehn Jahre her, und wenn ich daran denke, bricht es mir immer noch das Herz. Und das, obwohl wir uns mittlerweile wieder verstehen. Wir sind beide erwachsen und vor allem reflektierter geworden. Haben verstanden, wieso wir manche Dinge so gehandhabt haben und uns ausgesprochen. Es mussten allerdings Jahre vergehen, wir mussten uns verzeihen und einsehen, dass wir beide Fehler gemacht haben.

Es geht also auch anders. Nur weil zwei Menschen getrennte Wege gehen, bedeutet es nicht, dass sie nicht auch wieder zusammenfinden können. Nichts ist fix und alles ist möglich – besonders in Freundschaften. Einigen wir uns nur bitte darauf, dass wir keine Freundschaften mehr aussitzen, weil man sich so lange kennt, sich das jemand erwartet oder weil es sich so gehört.

Es ist vollkommen in Ordnung, auch mal den Hut auf eine Freundschaft zu werfen und sie zu beenden. Ganz besonders, wenn sie sich einfach nicht mehr gut anfühlt und man schon mehrmals versucht hat, sie zu retten.

Das führt anfangs wahrscheinlich zu der einen oder anderen unangenehmen Situation, aber ich verspreche auch hiermit hoch und heilig, dass irgendwann der Punkt kommt, an dem es euch einfach nicht mehr tangiert, ihr eure Freiheit genießt und eure gesunden Freundschaften viel mehr zu schätzen wisst. Versprochen – ohne Hexenkreuz!

WORK, WORK, WORK

Zeit meines noch nicht allzu langen Lebens wollte ich Karriere machen. Nicht um jeden Preis und definitiv auch nicht, um reich zu werden, aber um wohlhabend zu sein. Um mir zumindest finanzielle Sorgen zu ersparen. Damals wusste ich aber auch noch nicht, mit welchen anderen Sorgen man sich als erwachsene Person herumplagen muss.

Gleich vorweg, ich liebe meinen Job und bin so froh, dass meine Eltern relativ schnell erkannt haben, dass keines ihrer vier Kinder ihnen den Traum erfüllt, Jurist*in, Ingenieur*in oder Ärzt*in zu werden. Der Zug ist abgefahren und ich glaube, meine Mutter ist dankbar, dass wir alle am Leben sind und uns dieses auch selbst finanzieren können ... nachdem sie die Enttäuschung überwunden und meine Schwester ihr zumindest eine Enkeltochter geschenkt hat.

Was sie über mich allerdings spätestens jetzt erfahren wird, ist, dass ich zero Ambitionen habe, an die Spitze zu kommen. Sorry (Mama), das ist mir zu anstrengend. Die Welt braucht zwar dringend unter anderem mehr Frauen in Führungspositionen, aber ich werde keine davon sein. Man muss es wollen und ich will es definitiv nicht.

Dafür ziehe ich voller Bewunderung den Hut vor all den Menschen, die karrieretechnisch hoch hinaus möchten und es dann auch gut machen, wenn sie es geschafft haben. Weil Chef*in sein wollen viele, können tun es aber die wenigsten. Aber darum geht es gerade nicht. Jedenfalls urteile ich nicht über Menschen, die Karriere machen wollen. Speziell nicht über Frauen, die astronomisch hoch hinaus wollen. Im Gegenteil, ich stehe an der Seitenlinie, schwenke Fahnen, kreische „You go girl!" und unterstütze sie, sofern es mir möglich ist. Und wenn sie Kinder haben, schreie ich noch lauter. Damit möchte ich keine kinderlosen Frauen diskriminieren, sondern einfach die Mamas daran erinnern, dass absolut nichts dabei ist, Karriere und Kids unter einen Hut bringen zu wollen. Es ist nur anstrengend, teilweise auch, weil es euch anstrengend gemacht wird.

Schließlich leben wir in einer Gesellschaft, in der man als Frau sowieso nichts richtig machen kann. Ist man Hausfrau und Mutter, ist das blöd, weil man als Frau Karriere machen und sein eigenes Geld verdienen sollte. Ist man eine Karrierefrau, ist es blöd, weil man doch Kinder bekommen und diesen im besten Fall auch den Hintern auswischen sollte, bis sie endlich von zu Hause ausziehen.

Am besten man tut all diese Sachen dann auch, ohne sichtbar zu altern, ist dabei immer gut gelaunt, schlank, zufrieden und kritisiert dieses misogyne System in unserer Gesellschaft nicht. Wohlwissend, dass diese wahnwitzige Haltung so etabliert ist, dass sogar viele Frauen diese schwierige Denkweise supporten. What a shitshow.

Erst letztens war ich mal wieder in ein Gespräch verwickelt, bei dem sich andere Mütter über eine Frau echauffiert haben, die kurz nach der Geburt ihres ersten Sohnes eine Art Nanny eingestellt hat, um wieder Teilzeit arbeiten gehen zu können. Sätze wie „Das fängt ja schon gut an!", „Wozu bekommt man denn dann ein Kind, wenn man sich nicht drum kümmern möchte?" und noch viele andere Dummheiten sind gefallen und es hat sicher die eine oder andere Minute gebraucht, bis ich meine Kinnlade vom Boden gehoben habe, um diese Mom-Shamer darauf hinzuweisen, dass es furchtbar ist, eine Frau dafür zu verurteilen, dass sie ihre Karriere eben nicht auf Eis legt, weil sie ein Kind bekommen hat. Vielleicht sollte ich hierbei auch erwähnen, dass die besagte Mutter ihr Büro zu Hause hatte. Quasi fünf Gehsekunden von ihrem Sohn entfernt.

Jedenfalls sind sie mir dann mit der alten „Du hast ja selbst keine Kinder, du verstehst das nicht"-Leier gekommen, die mich übrigens schon lang nicht mehr davon abhält, Leuten zu sagen, dass sie sich scheiße benehmen. Vor allem nicht, wenn ihnen kein besseres Argument einfällt, um von ihrem furchtbaren Benehmen abzulenken.

Man muss keine Mutter sein, um von dem schlechten Gewissen zu wissen, das einen plagt, wenn man „trotz" Kind(ern) arbeiten geht. Ganz zu schweigen von einer Arbeitswelt, die alles andere als freundlich zu betreuenden Elternteilen ist und dem Druck, der mit dieser unvorstellbaren Doppelbelastung mitkommt. In diesem Fall braucht man vieles, aber sicherlich keine urteilenden Stimmen, die einem das Leben noch schwerer machen.

Wer zu Hause bei den Kindern bleiben möchte und absolute Erfüllung darin findet, soll das gerne machen. Wer möglichst rasch wieder zurück in den Job möchte, soll eben das machen. Aber andere für ihre Entscheidung zu verurteilen, ist scheiße und riecht ein bisschen nach Eifersucht und Unsicherheit. Wenn ihr mich fragt.

Die Karriereleiter ist speziell für uns Frauen so steil, dass wir quasi auf unsere gegenseitige Unterstützung angewiesen sind. Anderen Steine in den Weg zu legen ist nicht nur gemein, sondern auch schwer kontraproduktiv. Das machen ja die Männer ohnehin. Wir brauchen ihnen dabei nicht auch noch unter die Arme zu greifen.

Ich will euch nichts vormachen, früher habe ich auch nicht verstanden, wieso man als Frau nicht arbeiten geht und lieber möglichst lange zu Hause bei den Kindern bleibt. Schließlich hat es so lange gedauert, bis wir uns halbwegs durchgesetzt haben, und jetzt ergreifen wir die Chance nicht? Hat für mich keinen Sinn gemacht, bis die Frauen um mich herum Kinder bekommen haben und ich gesehen habe, wie jede einzelne die Frage der Karriere anders für sich beantwortet hat, aber alle verurteilt wurden.

Nicht jede Frau möchte oder muss Karriere machen, manche sind einfach zufrieden mit dem, was sie haben und tun. Das ist zu akzeptieren, auch wenn man es selbst so nie handhaben würde.

Muttersein ist ein unbezahlter Vollzeitjob ohne Pensionsvorsorge. Er wird seit jeher belächelt und das, obwohl es sich um körperliche und mentale Knochenarbeit handelt, oftmals unter Schlafmangel. All diese Dinge zu verstehen und zu unterstützen ist für mich genauso feministisch, wie Karrierefrauen die Leiter zu halten, wenn sie hoch hinauswollen.

In einer Welt, in der Zickenkriege schon fast romantisiert werden, ist das ein sehr unerwarteter, aber durchaus wichtiger Akt der weiblichen Ermächtigung. Und davon können wir gerade nicht genug haben.

THE INTERNET

Ich bin im Jahre 1982 auf die Welt gekommen und bin somit Teil dieser merkwürdigen Generation, die sowohl mit Festnetztelefon und einem Fernsehprogramm, das um 22 Uhr einfach vorbei war, als auch mit Handys und dem Internet aufgewachsen ist. Man nennt uns auch Millennials. Wir sind die Partie, die alles hinterfragt, viel weiß, mit allem später dran und auch überdurchschnittlich frustriert ist. Wir haben unsere Jobs an die Wirtschaftskrise und dann an die Covid-Krise verloren. Es ist aber nicht alles schlecht. Als Mitglied der Generation Y bekommt man auch hautnah Veränderung mit. Das Wiederaufblühen des Feminismus, die Anti-Rassismus-Bewegung und der Klimaschutz überfordern uns zwar stellenweise, aber das hält uns nicht davon ab, Teil dieser wichtigen Movements zu sein. Und da ist dann auch noch Social Media! Jap, wir haben auch die Digitalisierung der Medienwelt hautnah mitbekommen und sind uns oftmals nicht einig, ob das ein Fluch oder Segen ist. Wenn ihr mich fragt, ist es Zweiteres! Aber was soll ich denn sonst sagen? Ohne das Internet würde ich dieses Buch nicht schreiben. Ohne Social Media hätte ich vor Jahren meinen Blog nicht gestartet. Ohne die Digitalisierung hätte ich mir viel Wissen schwer oder gar nicht aneignen können. Natürlich liebe ich das gute, alte World Wide Web! Es hat mir Türen geöffnet, von denen ich glaube, dass mir der Zugang sonst verwehrt geblieben wäre. Und dafür bin ich so dankbar. Aber wie in fast allen Bereichen ist es keine bedingungslose Liebe. Vielmehr ist es eine, die erst so richtig entfacht ist, nachdem ich begonnen habe, Instagram, Pinterest, Tik Tok und Co. so zu nutzen, dass ich mehr davon habe als ein immer schmäler werdendes Selbstbewusstsein und Nerven, die nur noch am seidenen Faden hängen.

Diese Zeiten gab es nämlich auch. Es hat zwar nicht lang gedauert, bis ich realisiert habe, wo meine Selbstzweifel plötzlich hergekommen sind, aber sie waren trotzdem kurz da, und das, obwohl ich sehr wohl wusste, was hinter den Kulissen der chronisch perfekten Posts und Videos steckt. Ich will also nicht wissen, wie es einigen von euch da draußen geht, die kein Insider-Wissen haben. Deswegen hier in Blockbuchstaben zum immer wieder Nachlesen und Verinnerlichen:

Social Media hat oftmals wenig bis gar nichts mit dem echten Leben zu tun!

Nehmen wir mich selbst als Beispiel: Wenn ich im Schnitt 12 Stories zu je 15 Sekunden über meinen Tag und all das, was ich erlebe, mache, dann seht ihr insgesamt drei Minuten meines Tages. Da bleiben noch circa 1.437 Minuten, von denen ihr keine Ahnung habt, was ich in dieser Zeit tue. Ich sitze auf dem Klo, diskutiere, streite, kaufe Lebensmittel, habe Termine in der Kinderwunschklinik, dusche, kommuniziere mit meiner Familie, mache mir Sorgen, habe Sex und lebe ein Leben wie jede andere erwachsene Person auch.

Ich gehöre zwar zu den Influencer*innen, deren Content nicht immer makellos ist, die aber auf ihren Kanälen nur das zeigen, was sie zeigen möchten. Nicht weil ich mich für eines der genannten Dingen schäme, sondern weil ich sie einfach nicht öffentlich thematisieren möchte. Zumindest nicht auf Social Media, wo die Gefahr besteht, dass mir jemand unaufgefordert Ratschläge gibt, ich Horrorgeschichten zugeschickt bekomme und Follower*innen so ihre Erfahrungen und Probleme auf mich projizieren.

Soziale Medien können sehr überwältigend sein, egal, ob man sie passiv oder aktiv nutzt, und ganz besonders, wenn man keinen diversen Feed hat und alle Accounts, die man abonniert, gleich aussehen und unerreichbar zu sein scheinen. Das macht etwas mit einem. Nichts Gutes. Über kurz oder lang hat man das Gefühl, dass es alle anderen besser haben als man selbst, und das, obwohl man von guter Belichtung, Filter, Photoshop und all den anderen Schummelinstrumenten und Kooperationen weiß. Blöderweise befindet man sich aber schon in dieser emotionalen Abwärtsspirale des Vergleichens, die übrigens nirgends hinführt, und kann das plötzlich nicht mehr differenzieren. Wenn ihr mich fragt, helfen da keine Social-Media-Pausen. Schließlich ändert sich ja nichts, wenn man nach ein oder zwei Wochen wieder in die App schaut. Wenn man nicht ganz auf soziale Medien verzichten möchte, hilft ein diverser Feed.

Glaubt mir, es macht einen Unterschied, wenn ihr queeren, nicht-weißen, behinderten, dicken und kritischen Kanälen folgt. Ihr erweitert so nicht nur euren persönlichen Horizont und tut eurer Seele etwas Gutes, sondern verhelft Menschen zu einer Plattform, die zwar nicht normschön und able sind, aber einen sehr wichtigen Blick aufs Leben haben, der gehört und gesehen werden muss. Ich dachte zum Beispiel lange, dass ich als gute Freundin mehrerer schwuler Männer und ehemalige Mitarbeiterin eines queeren Magazins eine Ahnung von dem Thema habe. Bis ich begonnen habe, Accounts zu folgen, die mich regelmäßig eines Besseren belehren.

Was ich hier nicht sage, ist, dass ihr pseudo-perfekten Accounts, die nur die schönen Seiten des Lebens zeigen, nicht folgen solltet. Die haben schließlich auch eine Daseinsberechtigung und es soll immer noch jede*r das posten, was er oder sie möchte – sofern es respektvoll und nicht diskriminierend ist. Was ich sage, ist, dass diese Art von Content nicht der einzige sein sollte, den ihr konsumiert, weil er euch definitiv nicht guttut.

Der Job der Influencer*in ist für viele Menschen ein Mysterium und ich kann's verstehen. Da sind plötzlich Menschen, die Geld dafür bekommen, Dinge zu bewerben und kostenlos auf Urlaub zu fahren. Mit einem Beruf scheint das nach außen hin nichts zu tun zu haben. Dabei ist es ein vollwertiger. An dieser Stelle muss natürlich dringend erwähnt werden, dass es wie in jeder Gruppe Ausreißer*innen gibt, die zum Beispiel alles für Geld machen – auch Tees bewerben, die einen flachen Bauch versprechen, aber dann nur Durchfall und Blähungen liefern. Die sind hier ausgeschlossen. Ich meine die Influencer*innen, die wirklich einen guten und nicht zu unterschätzenden Job machen. Das sind viel mehr als nur Personen mit einem Geltungsdrang. Meist sind sie zumindest in ihrer eigenen Bubble autodidakte Models, Fotograf*innen, Videograf*innen, Texter*innen, Stylist*innen, Creative Director*innen und Projektionsfläche für viele Menschen. Letzteres hat etwas mit dem leidigen Thema des Idealisierens zu tun.

Schon lang vor der Pop- und Paparazzi-Kultur wurden Promis von ihren Fans auf imaginäre Podeste gestellt. Wir tun gern so, als würden berühmte Personen Rosen scheißen, perfekt und somit fehlerlos sein, sprechen ihnen aber in Wahrheit so nur ihre Menschlichkeit ab. Niemand da draußen ist makellos. Egal wie sehr wir es uns wünschen, wie echt das Bild zu sein scheint, das wir in unserem Kopf von diesem Menschen gemalt haben, egal wie toll wir glauben, dass er, sie ist oder sie sind, es ist nur eine Fantasie. Eine Illusion, die man sich zurechtgesponnen hat, um seine eigenen Unsicherheiten auf den besagten Promi zu spiegeln und sich selbst somit ein bisschen kleiner zu machen. Denn was sonst ist man, wenn man jemand so hoch in den Himmel lobt, dass man ihn oder sie nicht mehr erreichen kann? Ich bin zum Beispiel ein großer Beyoncé-Fan. Und wenn ich sage groß, dann meine ich, ich kann fast jeden Song mitsingen, habe viel Geld dafür ausgegeben, um ja keine Tour zu verpassen, und glaube, mehr über Beyoncé Giselle Knowles-Carter zu wissen, als ich sollte. Zumindest von dem bisschen, das sie über sich preisgibt. Bei all der Liebe, die ich für meine imaginäre Freundin Bey empfinde, bin ich mir aber trotzdem bewusst, dass sie eine Frau ist, die auch schon mal einen Furz lässt, falsche Entscheidungen trifft oder ab und zu keinen Bock hat, nett zu der Person zu sein, die ihr gerade den letzten Nerv raubt. Denn auch Queen B ist einfach nur ein menschliches Lebewesen. Das ist eine Einstellung, die ich nicht nur Promis gegenüber pflege, sondern quasi allen Menschen. Ich sehe keinen legitimen Grund, mich ihnen unterzuordnen, während ich sie auf ein Podest hebe, räume ihnen Fehler ein und erspare mir die Enttäuschung, weil ich mir zu viel von ihnen erwartet habe. Eine Sache, die ich mir während meiner Zeit als Musikredakteurin angewöhnt und in mein Leben eingebaut habe. Ich habe schnell gemerkt, dass die Stars und Sternchen, die ich treffen und interviewen durfte, oftmals Menschen wie du und ich sind. Auch sie haben mal einen schlechten Tag und finden es unerträglich, über Stunden und Tage dieselben nervigen und ignoranten Fragen gestellt zu bekommen. Menschen eben.

Die Leute, denen ihr auf euren Social-Media-Kanälen folgt, führen kein perfektes Leben. Vielleicht haben sie weniger Geldsorgen. Das macht's um einiges einfacher, aber dafür müssen sie oftmals damit kämpfen, dass ihre Fans und Follower*innen sie wegen jedem noch so kleinen Scheiß kritisieren. Und solltet ihr jetzt denken, dass das jede Person aushalten muss, die in der Öffentlichkeit steht, lasst mich euch gleich unterbrechen. Das muss sie nicht. Es gibt einen Unterschied zwischen konstruktiver Kritik und sinnbefreitem Bashing, bei dem die Senderin oder der Sender Dampf ablassen kann. Hinterfragt euch also auch selbst, bevor ihr Teil eines Shitstorms werdet, jemandem ins virtuelle Postfach kotzt oder enttäuscht seid von jemandem, den ihr vielleicht einfach nicht kennt. Die Chancen, dass eure Unsicherheiten getriggert wurden und ihr deshalb so agiert, sind hoch.

Und jetzt, wo wir das geklärt haben, bitte ich euch kurz, dieses Buch zur Seite zu legen und euer Handy in die Hand zu nehmen. Öffnet eure Social-Media-Kanäle und entfolgt jedem Account, der euch das Gefühl gibt, nicht gut genug zu sein. Löscht sie aus eurem mentalen Algorithmus. Ihr braucht sie nicht. Ihr seid mehr als genug.

Sucht euch stattdessen Seiten, Content-Creator*innen, die vielleicht eine komplett andere Lebensrealität leben, als ihr sie habt. Die anders aussehen als ihr. Die nicht jedes Bild zu Tode filtern und auch mal Content posten, wo nicht alles perfekt zu sein scheint. Ihr werdet staunen, was das für einen Unterschied für euch und eure mentale Gesundheit macht.

Eure sozialen Medien-Kanäle sind keine Newsoutlets, keine Zufluchtsorte, psychischen Sandsäcke und auch nicht die absolute Realität. Es sind aber eure Kanäle und ihr könnt sie formen, wie ihr möchtet, und vor allem, wie es euch guttut. Nutzt diese Gelegenheit und Social Media wie eine kostenlose Möglichkeit, sich inspirieren zu lassen und vielleicht auch etwas zu lernen.

Nachdem ich das so umgesetzt habe, habe ich besonders Instragram, Pinterest und Tik Tok anders und neu lieben gelernt. Social Media hat mir so viel beigebracht, mir erlaubt, mich mit so vielen Menschen zu connecten, die zwar geografisch meilenweit von mir entfernt sind, aber mit denen ich trotzdem eine Verbindung aufgebaut habe. Ich habe so viel über die Welt, aber auch über mich selbst gelernt, seitdem ich soziale Medien bewusst und vor allem in Maßen benutze. Wenn ich also sage, dass ich Social Media liebe, let me tell you, dass ich Social Media liebe.

LET'S GET MARRIED!

... or maybe not! Das Konzept der Ehe hat mich so geprägt, dass ich beschlossen habe, ihm ein eigenes Kapitel zu widmen. Und ich würde es gern mit einer Message einläuten für all jene unter euch, die das dringend hören sollten:

Ihr müsst nicht heiraten!

Ihr seid nicht mehr oder weniger wert, weil ihr einen Menschen gefunden habt, der verspricht, bis ans Ende aller Tage bei euch zu bleiben. Falls euch jemand vom Gegenteil überzeugen möchte, lauft!

Warum ihr einer Frau glauben solltet, die gleich zweimal geheiratet hat und dabei nichts ausgelassen hat: weißes Kleid, Vollrausch, Schleier, verschlafene Hochzeitsnacht und Brautjungfern?

Gleich vorweg: Ich bereue nichts. Ich liebe meinen Mann, ich habe unsere Hochzeiten geliebt und ich weine nur manchmal dem absurd hohen Betrag hinterher, den uns diese beiden Feste gekostet haben. Aber zwischen Verlobung und Post-Hochzeitserleichterungsmoment habe ich mich in regelmäßigen Abständen gefragt, warum und vor allem für wen wir das hier machen.

Vor ein paar Jahren habe ich mich nicht unerfolgreich selbstständig gemacht. Mit weniger als 150 Euro auf dem Konto habe ich mir gedacht: „Fuck it! You Only Live Once!", dem Angestelltenverhältnis den Rücken gekehrt und begonnen, meine eigene Chefin zu sein. Damals hat mir niemand gratuliert. Absolut niemand.

Zwei Jahre später kniete sich mein jetziger Ehemann im Wiener Stadtpark im Rahmen eines zugegebenermaßen romantischen Stunts hin, bat mich, seine Frau zu werden, und über 4.000 Menschen gratulierten mir. Familienmitglieder, von denen ich noch nie etwas gehört hatte, kontaktierten mich, um mich zu beglückwünschen. Mit Betonung auf *mich*. Dem Markus haben zwar auch einige gratuliert, aber im Verhältnis wenige, und erst nachdem ich das realisiert hatte, habe ich den Bullshit-Braten gewittert:

„Endlich kommst du unter die Haube!", „So schön, dass er sich zu dir commited hat!", „Ich freu mich so, dass er dich gefragt hat!", „Na ja, jetzt war's aber echt schon Zeit für den Antrag! Ihr seid ja auch schon vier Jahre zusammen!" Nur um das alles in Relation zu stellen: Vier Jahre sind im Verhältnis zu einem durchschnittlichen Leben absolut gar nichts. Aber hey, was weiß ich schon … *augenverdreh*

Menschen können zum Mond fliegen, ganze Filme zitieren und noch viele andere Sachen machen, für die es viel Hirnschmalz braucht, aber nicht verstehen, dass nicht jede Frau es sich zum Lebensziel gemacht hat, verheiratet zu sein.

Noch so eine Sache, die mir nicht einleuchtet, aber die ich trotzdem hinterfrage, obwohl ich gern verheiratet bin. Als kleines Mädchen habe ich schon von einem weißen, bodenlangen Kleid geträumt. Mit steigendem Alter wurde mir allerdings die Party immer wichtiger. Heiraten wollte ich jedenfalls schon immer. Ich persönlich finde den Gedanken schön, im Beisein von Menschen, die man liebt und schätzt, seinem Partner oder seiner Partnerin ewige Treue und Verbundenheit zu schwören – und einfach zu ignorieren, dass die Scheidungsrate in Österreich bei knapp 40 Prozent liegt. Nichtsdestotrotz verstehe ich jede einzelne Person und vor allem jede Frau, die sich mit einer eingetragenen Partnerschaft, einer Blitzhochzeit oder auch einfach einer sogenannten „wilden Ehe" zufriedengibt. Sprich, in einer langjährigen Beziehung sein, zusammenwohnen, aber nie ein Dokument unterschrieben haben. Warum auch nicht?

Wenn Menschen erzählen, dass Hochzeiten früher geschäftliche Verbindungen waren, die rein gar nichts mit Romantik zu tun hatten, muss ich innerlich immer ein bisschen lachen. Schließlich ist Heiraten heutzutage auch ein vollwertiges Business. Zwar keines, bei dem Frauen gegen eine Ablösesumme an andere Familien „verkauft" werden, aber ohne Moos ist auf einer Hochzeit meistens wirklich nicht viel los. Oder warum, glaubt ihr, gibt es sowas wie Hochzeitskredite?

Jedenfalls ist der Weg zum angeblich schönsten Tag des Lebens ein steiniger voller Erwartungen. Die haben übrigens nichts mit einem selbst zu tun, aber man möchte ihnen trotzdem gerecht werden. Weird. Einfach nur weird.

Nehmen wir uns doch nochmal eine Sekunde und lassen das sacken: Wir geben horrende Summen an Geld aus für den angeblich schönsten Tag unseres Lebens, aber bis wir dorthin kommen, haben wir im Normalfall mehrere Male die Nerven weggeschmissen? Festgestellt, wie teuer das alles ist? Realisiert, dass man wirklich viele Entscheidungen treffen muss? Gefühlt, dass jeder geladene und manchmal auch ungeladene Gast sich etwas Bestimmtes erwartet und es frecherweise manchmal auch kommuniziert? Und trotzdem tun wir uns das alles an? Phewww, sind wir uns sicher, dass wir die intelligentesten Wesen des Universums sind? Ich wäre davon nämlich nicht so überzeugt.

Nun, wie gesagt, Markus und ich haben ja auch sehr pseudo-traditionell geheiratet und uns die Bräuche rausgepickt, die wir schön fanden, ohne sie zu hinterfragen. Aber bis wir verstanden haben, dass – wenn wir schon so viel Geld zahlen – die ganze Geschichte schon was mit uns und nicht mit den Pinterest-Boards fremder Menschen zu tun haben sollte, musste ein bisschen Zeit vergehen und viel diskutiert werden. Und wenn ich ganz ehrlich bin, musste ich mich immer wieder auf den Boden der Tatsachen zurückholen und daran erinnern, dass mich meine Hochzeiten nicht definieren. Letztendlich waren es zwei schöne Tage, die höchstens aufzeigen, wie trinkfest ich bin, aber definitiv nicht, ob ich ein guter Mensch – geschweige denn eine bessere Frau bin.

Diese Ringe an meinen Fingern zeigen höchstens, dass ich vor Jahren zufällig jemanden getroffen habe, der auch temporär Bock auf ein Leben mit mir und auf diese Feste hatte. Das Commitment kommt hinzu, aber das wäre rein theoretisch dasselbe, wenn wir nicht verheiratet wären.

Eine Trennung ist eine Trennung ist eine Trennung. Mit oder ohne Scheidungspapiere. Und Commitment ist Commitment ist Commitment. Mit oder ohne Heiratsurkunde … natürlich, wenn man den rechtlichen Aspekt weglässt, und das tun wir hiermit.

Solltet ihr diese Zeilen gerade gelesen haben und unglücklich Single sein, bitte ich euch um Entschuldigung. Es tut mir leid, dass die Gesellschaft euch manchmal das Gefühl gibt, dass ihr Menschen zweiter Klasse seid, weil ihr keinen Partner oder keine Partnerin habt. Ich werde euch jetzt auch nicht einreden, dass ihr ganz bestimmt noch jemanden finden werdet, weil ich das ja in Wahrheit nicht weiß. Ich bin ja (leider) keine Hellseherin.

Ich möchte euch nur daran erinnern, dass ihr niemanden braucht, um vollständig und glücklich zu sein. Ich weiß, als Frau, die in einer Beziehung ist, hab ich leicht reden. Aber mit jemandem (rechtlich) liiert zu sein ist nicht zwingend das Nonplusultra. Man(n) hat uns nur über Generationen eingeredet, dass es das ist.

Ihr braucht keine bessere Hälfte. Ihr seid das perfekte Ganze — egal, was euch eure Umwelt einreden möchte.

ADVICE

Wenn man mich mit etwas so richtig nerven möchte, dann gibt man mir am besten einen ungefragten Ratschlag. Absurderweise war ich die Queen of Ratschläge und arbeite immer noch daran, es mir abzugewöhnen. Es nervt mich ja selbst, wieso tue ich es dann bitte bei anderen Menschen? Schlechte Angewohnheit, Überheblichkeit, zu wenig Geduld? Eine Mischung aus allem vermutlich. Ich selbst frage übrigens sehr selten und vor allem ungern um Rat. Und wenn, dann auch nur ganz bestimmte Menschen.

Von allen meinen Freundinnen und Freunden, wage ich zu behaupten, ist S. die eine Person, mit der ich nicht blutsverwandt oder verheiratet bin, die aber so ziemlich alles über mich weiß. Immer. Ich kann ihm alles erzählen, ohne dass er urteilt, mit Tipps und Tricks um sich wirft oder seine Erfahrungen und Traumata auf meine Situation projiziert. So erfrischend. Aber ich befürchte, nicht die Norm. Noch nicht.

Seit zehn Jahren hören wir einander zu, geben uns sehr ehrliches Feedback, wenn gefragt, und wachsen so als Einzelpersonen und als Freunde. Das Beispiel von S. soll jetzt nicht meine anderen Freundschaften verunglimpfen, aber ich habe in den letzten Jahren realisiert, dass ich vielen Menschen in meinem Leben einfach Dinge nicht erzähle. Nicht, weil ich ihnen nicht traue, sondern tatsächlich, weil mich ihre Meinung dazu nicht interessiert. Ich weiß, das ist wieder einer von den Sätzen, die sich etwas unsympathisch lesen, aber lasst es mich kurz erklären:

Bis vor ein paar Jahren gab es kaum ein Thema, das ich nicht in meinem Dunstkreis besprochen habe. Und wie das nun einmal so ist, hatten alle eine Meinung und einen gut gemeinten Rat dazu. Mein Bauchgefühl hatte also keine Chance, und so habe ich mich oft dabei erwischt, Dinge zu machen, die ich dann im Nachhinein anders angegangen wäre, hätte ich mich nicht so beeinflussen lassen.

Und als ob das nicht reichen würde, war ich auch noch so unreflektiert, dass ich den Menschen, die mir im Grunde nur Gutes wollten, die Schuld für meine semi-optimale Entscheidung geben wollte. Kann man – sollte man aber definitiv nicht. Am Ende des Tages bin ich ja eine erwachsene Person, die selbst Verantwortung übernehmen muss. Auch wenn mir circa 837.292 Dinge einfallen, die ich lieber machen würde.

Jedenfalls musste ich mit der Zeit feststellen, dass ich oftmals auf der Basis der Traumata, Unsicherheiten und Erfahrungen anderer Menschen agiere, wenn ich mir zu viele verschiedene Meinungen einhole oder sie mir aufs Auge gedrückt werden. Das ist genauso problematisch, wie es klingt.

Uns Frauen wird ja gerne nachgesagt, dass wir Themen gerne zerreden, überdenken und überanalysieren. Das nervt mich zu Tode, weil es impliziert, dass wir kein Vertrauen in uns selbst haben, die richtigen Entscheidungen zu treffen, und es manipuliert uns so dazu, oftmals Männer für uns entscheiden zu lassen. I call bullshit. You should too.

> **Wer ständig um Rat fragt, gibt unterschwellig auch immer wieder die Verantwortung ab und möchte gegebenenfalls nicht schuld sein, wenn irgendetwas schiefläuft.**

So wollte ich nicht sein, also habe ich einfach begonnen, mich selbst um Rat zu fragen beziehungsweise darauf zu achten, wen ich was und wie frage. Im Traum würde es mir jetzt nicht mehr einfallen, jemanden zu bitten, für mich zu entscheiden. Fragen wie „Soll ich den Job annehmen oder nicht?", „Ich weiß nicht, ob ich mit ihm/ihr/ihnen ins Bett gehen soll?", „Soll ich die überteuerte Tasche kaufen, obwohl ich kaum Geld auf dem Konto habe?" und Ähnliches sind hinterlistig und ein fast schon fauler und feiger Weg, sich mit einer Situation auseinanderzusetzen – wenn man das überhaupt so nennen kann.

Wenn ich Menschen um ihre Meinung frage, dann nur, wenn sie einen Bezug zur Materie haben. So gehe ich zum Beispiel nicht zu einer Freundin, die schon seit sieben Jahren mit derselben toxischen Person eine On-Off-Geschichte am Laufen hat und frage sie nach Beziehungstipps. Der Schuss kann nur nach hinten losgehen, weil sie sich in einer komplett anderen Lebensrealität befindet als ich – zumindest was unsere Beziehungen angeht. Das ist, als würde man sich Finanzierungstipps von einem Bekannten holen, der zwar massenhaft Geld verdient, aber gefühlt immer pleite ist, weil er sein gesamtes Gehalt scheinbar regelmäßig die Toilette runterspült. Da liegt es doch auf der Hand, dass man zu einer Person geht, die ihre Finanzen unter Kontrolle hat. Spoiler alert: Ich bin das nicht, aber meine Freundin B. schon.

Auch die richtige Formulierung ist nicht zu unterschätzen. Wenn ich frage, dann klingt das ungefähr so: „Ich bin da in dieser Situation und bin mir nicht ganz sicher, wie ich es angehen soll. Was würdest du an meiner Stelle machen?" Und dann höre ich zu. Man muss allerdings sagen, dass mein Bauchgefühl und ich in den meisten Fällen schon längst eine Entscheidung getroffen haben und ich meist nur frage, um zu checken, ob ich bei meiner Entscheidungsfindung eh alles bedacht habe.

Das Vertrauen in mich und die Entscheidungen, die ich treffe, ist mittlerweile so groß, dass ich wirklich selten jemanden brauche, der mir Rückenwind gibt. Was aber nicht bedeutet, dass ich alles mit mir selbst ausmache und alles in mich hineinfresse. Vielmehr heißt es, dass ich es bei den „passenden" Personen mache.

Was man hier übrigens auch nicht außer Acht lassen darf, ist, dass wir Menschen dazu konditioniert wurden, Angst vor Fehlern zu haben. Noch so ein Blödsinn, den wir uns für unser aller Seelenfrieden dringend abgewöhnen sollten.

Nobody's perfect — aber auch wirklich niemand. Wir machen alle Fehler und das ist auch in Ordnung so, weil wir uns ja sonst nicht weiterentwickeln würden. Scheitern, falsch liegen oder sich einfach einen Fauxpas zu erlauben, ist nie angenehm, aber sehr menschlich.

All das ist – wie so vieles in der persönlichen Entwicklung – reine Übungssache. Jedes Mal, wenn ich in alte Muster verfallen bin und viel zu viele Menschen in eine Sache einbezogen habe, um ihre Meinung und ihren Rat gebeten habe, wohlwissend, dass sie nicht die richtigen Ansprechpartner*innen sind, habe ich es bereut. Ausnahmslos jedes Mal. Also habe ich es mir abgewöhnt. Es hat zwar etwas gedauert, bis ich mich und die Menschen um mich herum sich daran gewöhnt haben, dass ich zuerst mich selbst und gegebenenfalls dann erst jemand anderen zu Rate ziehe, aber als ich den Dreh einmal raus hatte, war mein Leben zwar nicht einfacher, aber angenehmer.

In diesem Sinne: Shoutout an alle meine Lieblingsmenschen, die es teilweise anstrengend finden, wenn sie das Gefühl haben, dass ich ihnen so wenig erzähle – und wenn, dann erst, nachdem alles in Stein gemeißelt ist. Euer Gefühl ist richtig. Es ist nicht so, als würde ich euch nicht trauen. Ich vertraue nur mir und meiner Entscheidungsfindung am meisten. So, it's not you, it's me. But I love you.

JUST BE
A MAN ABOUT IT

„Men are trash and women are raised to cater", habe ich vor ein paar Monaten in meinen Instagram-Stories gepostet und daraufhin viel Zuspruch, aber auch etwas Kritik einstecken müssen. Berechtigterweise. Mir war schon bewusst, dass es nicht in Ordnung ist, diesen Satz öffentlich zu machen, aber ich habe es aus irgendeinem Grund trotzdem getan. Die Wut war stärker als die Vernunft und rückblickend tut es mir leid. Na ja … zumindest teilweise. Der Satz hätte korrekt „The toxic system that mainly makes white cis straight men so powerful is trash and women are raised to cater!" lauten sollen. Denn genau so ist es. Das System, das weiße, heterosexuelle Cis-Männer so mächtig macht, ist Mist, und Frauen werden seit jeher zum Umsorgen und Bewirten erzogen. Und aus meiner Sicht ist das nicht nur höchst problematisch, sondern schlicht und einfach nicht fair. Vor allem, wenn man bedenkt, wie tief verwurzelt dieses System – besser bekannt als das Patriarchat – in unserer Gesellschaft und somit auch in unser aller Köpfen ist. Dass hauptsächlich Frauen unter der sinnbefreiten Normschönheit leiden und wir auch chronisch unterbezahlt sind, ist kein Zufall, sondern das Ergebnis jahrelanger Misogynie.

Natürlich steht es mir nicht zu, jeden Cis-Mann da draußen in eine Schublade zu den anderen sexistisch sozialisierten Typen zu stecken, aber ich will euch nichts vormachen. Es fällt mir schwer.

> **Masculinity and money make the world go round. Wer Geld hat, hat Macht, und wer ein Mann ist oder als solcher gelesen wird, hat Freiheiten. Dinge, von denen Frauen und weiblich gelesene Personen bekanntlich aus Prinzip weniger haben.**

Ich bin in meinem Leben schon anstrengend, laut, aggressiv, jammernd, frustriert, gemein, bitchy und verbittert genannt worden. Nicht etwa, weil ich es bin, sondern weil ich mich abgrenzen kann, weil ich keinen Bullshit toleriere und weil ich eine Meinung habe, die ich auch laut und deutlich kommuniziere, wenn es sein muss. Man könnte meinen, dass es das Normalste auf der Welt sein sollte, das ist es aber nicht.

Als Frau, die diese Dinge tut, wird man abgestempelt, gerne mal klein gehalten und immer wieder mal daran erinnert, dass es nicht salonfähig ist, so unverblümt zu sein. Lest das bitte nochmal, lasst es euch durch den Kopf gehen und bitte sagt mir, dass euch das nicht auch zur Weißglut bringt! So richtig benennen kann ich das alles erst seit Kurzem, aber ich habe schon früh gemerkt, dass Mädchensein gleichzusetzen ist mit Unfair-behandelt-Werden. Versteht mich nicht falsch, ich habe so viel von diesem frauenfeindlichen Bullshit verinnerlicht, dass ich mich selbst immer wieder abholen und hinterfragen muss. Aber nachdem ich verstanden habe, dass die Frauenfeindlichkeit der Ursprung allen weiblichen Übels ist, fällt mir das immer leichter.

Nur fürs Protokoll: Frauenfeindlichkeit und Sexismus sind etwas, das nicht nur von Männern ausgeht, sondern auch von manchen Frauen. Im Unterschied zu Frauen profitieren Männer von ihrem sexistischen Verhalten. Während

Frauen sich oftmals nicht einmal dessen bewusst sind, dass sie von der Misogynie geprägt handeln. Ist euch schon einmal aufgefallen, wie präsent Schamgefühl ist, wenn wir über Männer und mangelnde Gleichberechtigung sprechen? Ein gutes Beispiel ist die Menstruation und der gesellschaftliche Umgang damit. In Fernsehwerbungen wird Periodenblut blau dargestellt, damit man(n) sich nicht ekelt, wir nennen Periodenprodukte „Damenhygieneprodukte", als ob nur Frauen menstruieren und die Regel etwas Schmutziges wäre. Wenn wir eben diese Produkte kaufen oder danach fragen, dann sollte das möglichst diskret passieren. Übrigens ist „diskret" ein Ausdruck, der bis heute immer wieder in Werbesujets und Spots benutzt wird, wenn es um Tampons, Binden, Slipeinlagen, Menstruationscups und Co. geht. Ganz abgesehen davon, dass wir in weiten Teilen der Welt (verhältnismäßig viel) für eben diese Produkte bezahlen sollen. Am besten man spricht gar nicht – und wenn dann nicht laut – über etwas, das eine natürliche Funktion eines Körpers mit weiblichen Organen ist. Warum? Weil uns eingeimpft wurde, dass die Menses – ohne die niemand von uns existieren würde by the way – etwas ist, wofür man sich schämen muss. Und zwar vor Männern und in weiterer Folge dann auch vor anderen Frauen.

Ich sage nur: pinke Einweghandschuhe. Eine „Erfindung" zweier Cis-Männer, die im deutschen Fernsehen vorgestellt wurde, damit menstruierende Personen ihre Periodenprodukte „hygienisch" entfernen, verpacken und entsorgen können – ohne dass sie sie mit ihren bloßen Fingern angreifen oder Männer den Anblick von Menstruationsprodukten ertragen müssen. Für diese „Innovation" gab's nicht nur Sendezeit, sondern auch eine Finanzspritze. Bis das Internet davon Wind bekommen hat und die Idee geplatzt ist. Bis heute finde ich den Shitstorm, der über den beiden zusammengebrochen ist, maßlos übertrieben. Die Kritik und das öffentliche Thematisieren aber nicht. Das fand ich wichtig. Alleine schon, um Menschen vor Augen zu halten, wie selbstverständlich es ist, dass Männer sich zu Frauenkörpern und ihren Funktionen äußern. Die Tatsache, dass sie ernsthaft dachten, die Welt braucht dieses Produkt, dass die zuständige Redaktion das freigegeben hat, sie Sendezeit bekommen haben und es ausgestrahlt wurde, ohne dass jemand „Halt! Stop! Sexismus!" geschrien hat, ist sehr aussagekräftig und sinnbildlich für unsere Welt.

Weiblichkeit wird in unserer Gesellschaft gleichgesetzt mit Schwachsein. Sätze wie „Sei kein Mädchen!", „Sie hatte die Eier nicht …" und „Was bist du für eine Pussy!" sind so alltäglich, dass wir teilweise gar nicht wahrnehmen, wie sexistisch sie eigentlich sind. Sollen wir nochmal kurz darauf eingehen, dass „Pussys", also Vaginas, ein Synonym für Empfindlichkeit sind, obwohl sie von Mutter Natur so konzipiert sind, dass man rein theoretisch ein kleines Lebewesen durchquetschen kann? Oder reicht dieser Fakt alleine schon aus, um zu verdeutlichen, wie viel bis jetzt falsch gelaufen ist und leider immer noch falsch läuft?

Stellenweise kann ich Männern auch nicht verübeln, dass sie mit Feministinnen und ihren Ansprüchen überfordert sind. Ich kann auch verstehen, dass es sie einschüchtert und sie nicht wissen, was sie noch dürfen und was nicht. Das heißt nicht, dass ich es gutheiße, aber dass ich schon nachvollziehen kann, dass es ein Schlag ins Gesicht sein muss, wenn man bis dato tun und lassen konnte, was man möchte, und nur in Extremfällen belangt wurde. Wenn ich also sage, dass viele Cis-Männer ihrer Verantwortung enthoben werden, liest sich das anfangs vielleicht ein bisschen extrem. Aber lasst es mich erklären:

Männer da draußen finden es immer noch unpassend, wenn Frauen in der Öffentlichkeit stillen. Dass sie eventuell auch mal an der Brust der Mutter gehangen sind, haben sie in dem Fall einfach verdrängt. Hauptsache keine Brüste sehen, die nicht in Zusammenhang mit Sex stehen. Wie kommen sie denn dazu? Dass weibliche Brüste und deren Warzen sexualisiert wurden, steht hier auch nicht zur Debatte. Übrigens auch nicht in den sozialen Medien, da wird Content, der weibliche Nippel zeigt, gern einmal gesperrt – wegen Freizügigkeit. Nach dem 14. Frauenmord in Österreich (Stand 10. Mai 2021) spricht man hierzulande immer noch von Familientragödien. Von traurigen Taten, die einen familiären Background haben, für den somit rein theoretisch alle beteiligten Familienmitglieder verantwortlich sind. Nicht von dem, was es eigentlich ist: Frauenmorde, die aufgrund eines verletzten Männer-Egos passiert sind. Ein Mann erschießt also seine Exfrau und deren Mutter und alle sind mitschuld. Nicht der Täter alleine. Um es sehr vereinfacht auszudrücken. So einen Blödsinn kann man nicht erfinden, wenn wir es nicht schwarz auf weiß lesen würden. Regelmäßig.

Ich weiß nicht, wie oft ich einem Mann erzählt habe, dass ich einen Partner habe, damit er mich in Ruhe lässt, weil ein einfaches „Nein, danke. Kein Interesse!" nicht gereicht hat, um meine Bitte zu respektieren. Wien ist eine verhältnismäßig sichere Stadt, dennoch habe ich Angst, nachts alleine auf der Straße zu gehen. Egal in welchen Bezirken. Die nächste Gefahr in Form eines Mannes, der mir zu nahe treten könnte, lauert vielleicht um die Ecke.

Wenn eine Frau von einem Mann vergewaltigt wird, ist das Outfit, das sie zum Tatzeitpunkt anhatte, immer ein Thema. Als ob ein Minirock, ein Tanktop, eine Jogginghose, ein Kaftan, die Burka oder komplette Nacktheit ein Freifahrtschein für sexuelle Gewalt ist. Nur noch einmal der Vollständigkeit halber: Kein Look dieser Welt rechtfertigt eine Vergewaltigung.

Als Opfer sexueller Gewalt muss man auch damit rechnen, dass man nicht ernst genommen oder damit konfrontiert wird, dass man das Leben des Täters ruinieren könnte, wenn „das rauskommt". Nicht dass am Ende des Tages der Belästiger die Konsequenzen seiner Tat tragen muss ... #zynismus.

Das Patriarchat und die Menschen, die davon profitieren, liefern Stoff für 150 Bücher, wenn ihr mich fragt. Ich könnte Ewigkeiten darüber schreiben, aber das würde hier den Rahmen sprengen.

Den *male gaze* müssen wir hier aber trotzdem noch thematisieren. Dabei handelt es sich um eine Theorie, die die Filmkritikerin Laura Mulvey in den 70ern aufgestellt hat. Sie besagt, dass Frauen in den Medien aus der Perspektive eines heterosexuellen Mannes gezeigt und auf ihr Äußeres beschränkt werden. Ein Beispiel für den *male gaze* sind Filmszenen, in denen Frauen sprechen, ihre Körper in Nahaufnahmen gezeigt werden und man sich nicht mehr auf das Gesagte, sondern auf das Sichtbare konzentriert.

Dieses Phänomen zieht sich mittlerweile durch alle Lebensbereiche und somit auch durch die Köpfe der Menschen. Der Impact ist so tiefgehend, dass Frauen glauben, Schönheitsidealen entsprechen zu müssen, die ihnen schaden. Da wären wir wieder bei der diskriminierenden Normschönheit. Schlanke, unbehaarte, weiße, nicht behinderte, heterosexuelle Frauen sind das, was in den Medien als begehrenswert und erstrebenswert gezeigt und von den Konsument*innen verinnerlicht wird. Deshalb haben Männer oftmals ein sehr eingeschränktes Frauenbild, weil ihnen nichts anderes vorgeführt wird. Frauen hingegen wird von klein auf eingeimpft, dass es ein wichtiges life goal ist, in einer heteronomativen

Beziehung zu sein. Und so haben wir begonnen, uns den Idealvorstellungen anzupassen. Was nicht passt, wird passend gemacht. Schminke, Diäten, Outfits, Persönlichkeiten, Schönheits-OPs, Kompromisse und so weiter und so fort. Und als ob das nicht reichen würde, projizieren wir dieses toxische Frauenbild auch aufeinander und urteilen über Frauen, die diesen „Idealen" aus welchen Gründen auch immer nicht entsprechen oder sich ihnen widersetzen.

Ich nehme mich da selbst übrigens nicht aus. Mir ist bis heute unangenehm, dass ich Frauen, die ihre Körperbehaarung nicht entfernt haben, als „grauslich und unhygienisch" bezeichnet habe. Dafür gibt es keine Entschuldigung. Dass ich vom *male gaze* geblendet war, ist höchstens eine Erklärung. Heute weiß ich, dass Frauen, die nicht wie ich gerne Menschen dafür bezahlen, ihnen mit warmer Zuckerpaste Haare auf der Vulva, den Beinen und den Achseln zu reißen, definitiv nicht kritisiert werden sollten. Ganz im Gegenteil. Frauen, die sich gegen diese giftigen Schönheitsideale auflehnen, sind die wahren Heldinnen.

Nachdem ich jetzt über 10.000 Zeichen damit verbracht habe, auf Männer und das System, das sie schützt, hinzudreschen, möchte ich nicht unerwähnt lassen, dass auch Männer unter dem Patriarchat leiden. Es muss anstrengend sein, in einer Welt aufzuwachsen, die einem quasi beibringt, alles mit sich selbst auszumachen. Seine Gefühle unter den Teppich zu kehren, nur um immer wieder darüber zu stolpern und sich dann aber nicht helfen zu können. Bei den meisten unserer Eltern und Großeltern haben die Frauen die Sachen mit den Gefühlen erledigt und die Männer haben es einfach hingenommen. „Happy wife, happy life", heißt es ja. Aber die Frau ist nicht alleine in der Ehe und so geht das vielleicht eine Zeit lang gut. Bis sie eben nicht mehr ganz so happy ist und im schlimmsten Fall die Beziehung beenden möchte.

Und plötzlich ist sie da: die vielgehasste Hilflosigkeit, die einen übermannt, wenn die Partnerin alles bereden möchte und man aber nicht weiß, wie und wo man anfangen soll, weil es einem nie beigebracht wurde. Ich glaube, es gibt nicht viele erwachsene Männer, denen man als Kind nicht das Weinen abgesprochen hat, weil das nur Mädchen machen, und die gelernt haben, ihre Emotionen zu verstehen und auszudrücken. Wohin uns das gebracht hat, sehen wir ja.

Als jemand, die nicht nur zwei komplett unterschiedliche Brüder, einen Ehemann und einige männliche platonische Freunde hat, beobachte ich oft, wie Männer ihre Gefühle einfach aussitzen. Fast als würden sie darauf warten, dass es irgendwann vorbei ist. Menschen sind aber keine humanen Mary-Poppins-Taschen, die man bis zur Unendlichkeit füllen kann. Irgendwann ist das Maß voll und alles läuft über. Das äußert sich dann unterschiedlich, wie etwa in einem Wutanfall, schlechter Laune, einer psychischen Belastung, Gewalt und im schlimmsten Fall dem Tod – manchmal nicht der eigene, sondern der der Partner*in oder der Expartner*in.

Speziell Männer müssen lernen, ihren Gefühlen Raum zu geben, sie zu verstehen und zu kommunizieren beziehungsweise zu erkennen, dass sie es nicht können und sich helfen lassen.

Leichter gesagt als getan, oder? Es hat aber ohnehin niemand behauptet, dass es leicht ist. Hier muss oft ein teuflischer Zyklus durchbrochen werden, der über Generationen weitergegeben worden ist. Dabei holt man sich im Idealfall professionellen Support. Noch so eine Sache, die früher unter Männer verpönt war, aber jetzt immer mehr

Zuspruch bekommt. Ich bin meinem Mann vier Jahre lang in den Ohren gelegen, bis er zur Therapie gegangen ist. Vier Jahre!!! Mir wurde nämlich, relativ kurz nachdem wir zusammengekommen sind, klar, dass unsere Beziehung diesen emotionalen Ballast, den er aus seiner Vergangenheit mitgebracht hat, nicht tragen kann und ich ihn einfach nicht für ihn tragen wollte. Vier Jahre, in denen er dachte, dass er das nicht braucht, weil Therapie nur etwas für Menschen ist, die wirklich Schreckliches erlebt haben. Vier Jahre, in denen er dachte, dass er es einfach aushalten muss, weil Männer das eben so machen. Vier Jahre, in denen ihn die kleinsten Dinge zum Explodieren gebracht haben. Vier Jahre, bis er eingesehen hat, dass es ihn viel mehr Energie kostet, seine Emotionen zu unterdrücken und kleinzureden, anstatt sich Hilfe zu holen. Mittlerweile redet er offen darüber, in der Hoffnung, ein paar seiner Freunde dazu zu animieren, sich so das Leben leichter zu machen. Es funktioniert.

BROWN SKIN

Manchmal überkommt es mich. Dann sitze ich da und bin richtig überwältigt von der Selbstverständlichkeit, mit der Rassismus in unserer Welt ausgelebt wird. Und da spreche ich noch nicht einmal von der Polizeigewalt, die traurigerweise aus den Nachrichten kaum noch wegzudenken ist. Mich triggern schon die kleinen Dinge. Die riesigen Beautykonzerne, die so tun, als würden People of Color schlicht und einfach nicht existieren. Die Kellnerin, die mich fragt, woher ich komme, nicht nachgibt, wenn ich Österreich sage, und beleidigt ist, wenn ich hinzufüge, dass das die Antwort ist, mit der sie sich zufriedengeben muss. Die Jobanfragen, die eintrudeln, weil sie wieder mal eine Quoten-Schwarze brauchen, die sich zum Thema Diskriminierung äußert, und das am besten kostenlos. Die Familienmitglieder, die „schon immer das N-Wort gesagt haben und es nicht so meinen". Die weißen Möchtegern-Rapper, die sich Schwarze Kultur aneignen, aber „diese ganze Rassismus-Debatte schon ein bisschen übertrieben" finden, und die Follower*innen, die nicht einsehen, dass ich nicht ihre persönliche Rassismusbeauftragte bin und dass es nicht mein Job ist, ihnen zu erklären, was rassistisch ist oder nicht, und mir dann entfolgen, weil ich ihnen das genau so sage. Und das ist in Wahrheit nur ein Bruchteil der Mikroaggressionen und des Alltagsrassismus, mit dem Schwarze Menschen tagein, tagaus klarkommen müssen.

Ich erzähle das hier alles nicht, um von euch bemitleidet zu werden oder um euch zu schockieren. Wobei ich ja denke, dass es nach dem Mord an George Floyd, den es bis heute frei zugänglich im Internet zu sehen gibt, mehr braucht als ein paar Zeilen von mir, um irgendwen zu entsetzen. Ich habe diese Zeilen vielmehr geschrieben, um zu unterstreichen, wie faszinierend ich es finde, dass BIPOC, also Black, Indigenous and People of Color, trotz all dieser Widrigkeiten und all des Gegenwinds nicht nachgeben.

Die Tatsache, dass ich in einem Land – ach, was schreib ich da – in einer Welt großgeworden bin, die es nicht für notwendig hält, Menschen, die nicht weiß und normschön sind, zu repräsentieren, und so viele von uns noch hier und laut sind, beeindruckt mich und macht mich auch etwas stolz. Sofern man auf etwas stolz sein kann, das man nicht selbst beeinflusst.

Ich kann nicht für alle Schwarzen schreiben, ich kann nicht für alle Frauen schreiben und ich kann schon gar nicht für alle nicht schlanken Frauen schreiben, also schreibe ich für mich und stellvertretend für meine Freundinnen und Freunde, die auch Schwarz sind und von denen ich weiß, dass sie eine ähnliche Meinung haben wie ich.

Wenn man diesen kleinen Einblick in mein Leben liest, könnte man meinen, dass es scheiße ist, eine Schwarze Frau zu sein. Die Wahrheit ist: Es ist anstrengend. Auf so vielen Ebenen, dass es hier den Rahmen sprengen und uns auf unsere rassistischen Erfahrungen reduzieren würde. Das möchte ich vermeiden. Weil es viel mehr bedeutet, als nur Opfer von Rassismus zu sein. Schwarz sein ist schön.

Könnt ihr euch also vorstellen, was es bedeutet, dass wir unterdrückt, diskriminiert, beleidigt, nicht ernst genommen werden – was natürlich Spuren hinterlässt, wovon aber keine dazu führt, dass wir etwas an unserer Hautfarbe ändern möchten? Wisst ihr, wieso wir trotzdem in immer mehr Bereichen zu sehen sind? Dass wir Mediziner*innen, Designer*innen, Lehrer*innen, Busfahrer*innen, Bankange-stellte, Moderator*innen, Programmierer*innen, Schau-spieler*innen, Politiker*innen, unsere eigenen Chefs und Chefinnen und so weiter werden? DAS ist die Definition von Widerstand.

Die Tatsache, dass wir uns trotzdem etwas aufbauen, uns selbst verwirklichen – in einem System, das uns eigentlich keinen Platz einräumen möchte – und alleine durch unsere Anwesenheit Änderungen hervorrufen, ist Resistenz, die ein-schüchternd wirkt. Allerdings nur, wenn man eingeschüch-tert ist.

Schwarze Menschen und all die anderen People of Color wollen nämlich nichts anderes, als genau so behandelt zu werden wie weiße Menschen. Fair und mit Respekt.

Wie gesagt, ich kann nur für mich und für ein paar der Men-schen in meinem Leben sprechen, mit denen ich mich immer wieder übers Schwarzsein unterhalte. Ich will nicht behaup-ten, dass alle dieselben Erfahrungen gemacht haben und machen. Wobei ich immer schlucken muss, wenn mir eine POC erzählt, dass sie noch nie in ihrem Leben rassistische Erfahrungen gemacht hat. Das glaube ich genauso wenig, wie ich einer erwachsenen Frau glaube, dass sie noch nie sexis-tische Erfahrungen gemacht hat. Das schreit förmlich nach Coping Mechanism – um genauer zu sein nach Verdrängung.

Dass ich es nicht glaube, bedeutet allerdings nicht, dass ich es nicht respektiere. Es hat ein bisschen gedauert, aber irgendwann habe ich verstanden, dass es nicht meine Angelegenheit ist und jede*r mit seinen oder ihren Erfahrungen umgehen soll, wie er oder sie möchte. You do you! I do me! Schließlich handelt es sich um Traumata. Viele kleine seelische Wunden, die jedes Mal, wenn man darüber spricht, aufgerissen werden. Deswegen ist es nicht selbstverständlich, dass euch jemand von rassistischen Erlebnissen erzählt. Darüber zu sprechen tut weh und man läuft immer Gefahr, dass die schmerzhaften Erfahrungen nicht nur runtergespielt, sondern auch noch relativiert und nicht ernst genommen werden.

Solltet ihr also Schwarze Freunde und Bekannte haben, die nicht jede Sekunde des Tages über Rassismus sprechen wollen, dann respektiert es bitte. Wenn ihr euch zu dem Thema weiterbilden wollt – und das solltet ihr ganz dringend –, dann macht das im Alleingang. Das Internet ist voll von teilweise kostenlosem Content wie ihn @zu.oft.gehört, @kidsofthediaspora, @mireillengosso, @_nour.khelifi, @black_is_excellence und viele andere Contentcreator*innen aufbereiten. Bestseller wie „Exit Racsim" von Tupoka Ogette und „Was weiße Menschen nicht über Rassismus hören wollen, aber wissen sollten" von Alice Haster sind kostenlos (!) auf Spotify verfügbar.

Ihr könnt euren Horizont also selbst erweitern. Sich zu erwarten, dass die Menschen, die von diesen unfairen Umständen betroffen sind, sich dann auch noch die Arbeit machen, andere zu informieren, ist genauso widersprüchlich, wie Menschen zu diskriminieren, weil sie nicht weiß sind.

In meinen 38 Jahren auf dieser Erde wollte ich nie weiß sein, so sehr liebe ich es, Schwarz zu sein. Egal, in welcher Form ich diskriminiert, schlecht behandelt oder mal wieder nicht repräsentiert wurde, ich wollte immer Schwarz sein.

Glatte Haare wollte ich schon haben, helle Haut dafür nie. Das ist nicht selbstverständlich und etwas, das ich meiner Mutter, meiner Schwester und meiner Tante zu verdanken habe. Sie waren meine ersten direkten Bezugspersonen und die Frauen, an denen ich mich orientiert habe. Sie haben mich geprägt und rückblickend sicher einiges falsch gemacht, aber auch sehr viel richtig. Dass sie Schwarz, smart, stark, laut, kritisch, dick, lustig, stolz und, wenn es sein musste, auch beinhart waren, hat mich zu dem gemacht, was ich jetzt bin. Dafür bin ich ihnen für immer dankbar.

Schwarz zu sein in Österreich ist etwas anderes als sonst wo. Während ich in London oder New York zum Beispiel eine von vielen bin, bin ich hier eine von wenigen. Insgesamt 0,1 Prozent der Bevölkerung machen wir aus und ich kann hiermit feierlich verkünden, dass wir uns nicht alle kennen!

Was nicht heißt, dass wir uns nicht sehen. Betrete ich einen Raum voller weißer Menschen und einer anderen Schwarzen Person, die ich nicht kenne, kann diese davon ausgehen, dass ich sie wahrgenommen habe, im Notfall für sie da bin und umgekehrt ist es genauso. Das klingt für Außenstehende wahrscheinlich sehr merkwürdig, aber ich glaube, für Menschen, die marginalisiert werden, ist es sowas wie ein unausgesprochener Pakt. So wie ich Schwarzen Menschen auf der Straße oft zumindest zunicke. Meine Mutter hat uns das schon als Kinder beigebracht und ich habe es beibehalten. Es ist irgendwie eine nette Geste der Zusammengehörigkeit und gibt einem das Gefühl, dass man gesehen wird – auch, wenn man sich vollkommen fremd ist. Wenn ich also behaupte, dass ich Schwarz und stolz darauf bin, dann meine ich per se nicht meine Hautfarbe. Auf die hatte ich keinen Einfluss. Aber auf die Tatsache, dass ich in einem Land geboren bin, in dem die Menschen rassistisch sozialisiert sind, es mich auch immer wieder spüren lassen und ich zwar Wunden habe, aber trotzdem noch hier stehe, lauter und stärker denn je, bin ich schon sehr stolz.

Ich bin übrigens Schwarz – mit einem großen S. Ich bin keine Schwarzafrikanerin, nicht farbig, nicht maximal pigmentiert, nicht braun, nicht dunkel und schon gar keine Afroamerikanerin. Merkwürdigerweise fällt mir immer wieder auf, dass weiße Menschen sich schwer damit tun, diesen Ausdruck über die Lippen zu bringen, weil sie nicht wissen, ob er politisch korrekt ist. Ja, ist er. Im Gegensatz zu den anderen Ausdrücken, die ich hier aufgelistet oder bewusst nicht erwähnt habe. Die stehen nämlich sowieso nicht zur Debatte. Und wenn wir schon dabei sind, ist das jetzt vielleicht auch ein guter Zeitpunkt zu klären, dass nicht alle Schwarzen Menschen gleich ausschauen. Wir haben verschiedene Hauttöne, von ganz hell bis ganz dunkel. Wir haben nicht alle dieselbe Haarstruktur und wir sprechen auch nicht alle dieselbe Sprache. Jemanden zu fragen, ob er oder sie Afrikanisch spricht, ist genau so, wie jemanden zu fragen, ob man Europäisch beherrscht. Es ist absurd.

All das kann man übrigens auch auf asiatische Menschen ummünzen und ja, es ist notwendig, all diese Sachen hier schriftlich festzuhalten. Da draußen gibt es genug Menschen, die das nicht wissen und noch nie gehört haben. Wenn ich in letzter Zeit etwas gelernt habe, dann dass wir zumindest im deutschsprachigen Raum nicht alle auf demselben Wissensstand sind. Sollte euch der Teil, in dem ich Österreicher*innen als „rassistisch sozialisiert" bezeichne, unangenehm aufstoßen, dann ist das eine gute Sache. Vorausgesetzt ihr projiziert das nicht auf euch.

Menschen, die rassistische Sachen sagen oder tun, sind nicht gleich Rassisten oder Rassistinnen, sondern eben Menschen, die rassistische Sachen sagen oder tun. Dieses Wissen ist kein Freifahrtschein, ignorant durch die Weltgeschichte zu laufen. Das Ziel ist es, Anti-Rassist*in zu sein, und das ist Arbeit. Viel unangenehme und wichtige Arbeit. Ihr müsst euch und die Dinge, die ihr tut, hinterfragen. Das führt automatisch dazu, dass ihr die Menschen in eurer Umgebung hinterfragt und puuuh, lasst es mich euch sagen, die Erkenntnisse sind spätestens dann sehr augenöffnend und manchmal auch sehr schmerzhaft. Aber People of Color brauchen Verbündete, und das können nun mal nur weiße Menschen sein.

Es ist nicht unser Job, Aufklärungsarbeit zu leisten. Wir sollten unsere emotionalen Ressourcen dafür gebrauchen, die Traumata, die uns über die Jahre durch Rassismus, Islam-, Homo-, Behindertenfeindlichkeit und Fremdenhass zugefügt wurden, aufzuarbeiten. Wir sollten heilen, damit wir ein vorurteilsfreies, glückliches Leben leben können. So, wie wir's (alle) verdient haben.

Ich möchte hier noch kurz das Thema „Phobien" anschneiden. Um es ganz banal zu erklären, ist eine Phobie eine Form der Angststörung, die immer mit einer bestimmten Situation oder einem Objekt in Verbindung steht. Menschen, die etwa an einer Akrophobie leiden, haben extreme Höhenangst, und die, die eine Arachnophobie haben, fürchten sich sehr vor Spinnen. Das sind quasi Ängste, die, aus welchem Grund auch immer, ihren Ursprung in den Untiefen der Psyche der jeweiligen Person haben.

Anders bei der Homophobie und bei der Xenophobie. Bevor ich auf die Absurdität dieser zwei Begriffe eingehe, möchte ich hier nochmal kurz die jeweiligen Definitionen aufschlüsseln:

Laut Duden bedeutet Homophobie: „eine starke [krankhafte] Abneigung gegen Homosexualität habend, zeigend". Mit Betonung auf „Abneigung".

Okay, weiter zur Xenophobie. Die ist laut Duden „eine ablehnende Haltung gegenüber andersartigen Personen". Auch hier möchte ich betonen, dass wir es hier mit einer „ablehnende Haltung" und nicht mit einer Angststörung zu tun haben. Wie bei der Homophobie.

Ich bin jetzt wirklich kein Profi auf dem Gebiet, aber was ich schon bin, ist ziemlich sicher, dass wir die beiden wirklich hässlichen Babys stattdessen beim Namen nennen sollten, und die lauten: Homofeindlichkeit und Fremdenfeindlichkeit.

Denn wenn ich ein Problem mit queeren Menschen und/ oder „andersartigen" Menschen habe, dann leide ich nicht unter einer Phobie. In dem Fall bin ich doch höchstens ein feindseliges Arschloch.

FUCK YOU

Bevor wir in dieses Kapitel eintauchen, möchte ich eines gleich klären: FUCK FUCKPEOPLE!

Wenn du beim Weiterlesen feststellst, dass du eine dieser Personen bist, die andere Menschen aufgrund deiner eigenen emotionalen Inkompetenz, Feigheit, Faulheit oder Habgier verletzt, ist jetzt ein guter Zeitpunkt, ein paar deiner Aktionen zu überdenken. Karma is a bitch and she's not sleeping.

Okay, here we go again. Vor einigen Jahren bin ich an einem Punkt in meinem Leben angekommen, an dem ich mir eingestehen musste, dass der Mann, mit dem ich seit Monaten etwas am Laufen hatte, auch nach sehr langem Warten zero Interesse daran hatte, eine fixe Beziehung mit mir einzugehen. Ich war zwar nicht überrascht, aber trotzdem verletzt und auch ein bisschen gedemütigt. Mir ist das nämlich nicht zum ersten Mal passiert. Bevor ich mit meinem Mann zusammengekommen bin, war ich sechs Jahre lang Single. In diesem Zeitraum bin ich mehrmals in den Armen von Typen gelandet, die mich nur als Lückenfüllerin benutzt haben. Sagen wir es doch einfach, wie's ist. Oft hat es lange gedauert und sehr unangenehme Momente gebraucht, bis ich mir eingestehen konnte, dass das zu nichts führt und keiner von denen sich magischerweise in mich verlieben und mit mir durchbrennen wird.

Heute bin ich froh, dass es mit keinem dieser Männer geklappt hat, möchte aber keine einzige Erfahrung missen. Trotzdem bin ich sehr überrascht, dass ich konsequent mein Bauchgefühl, alle roten Flaggen und meine Freundinnen, die mir klar und deutlich gesagt haben, dass diese „Beziehungen" kein gutes Ende nehmen werden, ignoriert habe. Was ich nicht sehen oder hören wollte, habe ich nicht gesehen oder nicht gehört. Bescheuert.

So sicher bin ich mir jetzt nicht mehr, aber ich glaube, es war entweder der Typ, der mit einer anderen Frau auf Urlaub gefahren ist, während wir etwas am Laufen hatten, oder der, der eine andere Frau und mich gegeneinander aufgehetzt hat, weil er es genossen hat, dass wir zwei uns um ihn streiten. Einer von beiden hat mich jedenfalls dazu motiviert, einen Blogeintrag zu schreiben, der den klingenden Titel „7 ANZEICHEN DAFÜR, DASS DU ES MIT EINEM FUCKBOY ZU TUN HAST" trägt. Der Post war zwei Jahre nur als Entwurf auf meinem Computer gespeichert, bis ich ihn irgendwann zum Spaß online stellte. Ich habe ihn damals nur geschrieben, um mir vor Augen zu halten, womit ich es zu tun habe. Das Licht der digitalen Welt sollte er nie erblicken. Aber unverhofft kommt ja bekanntlich oft, und so hat sich herausgestellt, dass die beiden Fuckboys, die ich hier jetzt einfach mal „H." und „P." nenne, doch nicht so nichtsnutzig sind. Ohne sie hätte ich diesen Beitrag nicht geschrieben und die knapp 100.000 Menschen, die ihn gelesen haben, hätten etwas verpasst.

Heute würde ich den Blogeintrag gendern, aus dem einfachen Grund, weil ich aus sicherer Quelle weiß, dass es da draußen mehr als genug Frauen gibt, die genau dasselbe tun wie die sogenannten „Fuckboys".

Er würde also in etwa so lauten:

Gleich vorweg, ich urteile nicht über euch. Solltet ihr gerade in einer „Beziehung" mit einer Fuckperson sein, bin ich eure beste Ansprechpartnerin. Ich war die Queen of Fuckboy-Dating.

Ich habe jede Spezies dieser unnötigen Personen gedatet: Die chronisch Arbeitslosen, die mit Job, die, die ihr Kind verheimlicht haben, die Lügner, die Betrüger, die mit Stil und leider auch die ohne.

Genau deshalb kann ich nur allzu gut nachvollziehen, wie es euch geht. Mich wundert auch nicht, dass ihr die Hoffnung nicht aufgebt und betet, dass er mit euch zusammengeht. Die stirbt ja bekanntlich zuletzt. Auch, wenn man eigentlich schon längst weiß, dass sie gar keine Daseinsberechtigung mehr hat.

Solltet ihr allerdings noch in der Phase sein, in der ihr nicht sicher seid, ob dieser Mensch eine Fuckperson ist oder nicht, hier sind ein paar Indizien dafür, dass ihr eure Beine in die Hand nehmen und dem Ganzen ein Ende bereiten solltet.

1. DER KONTAKT

Wenn er oder sie sich nur alle heiligen Zeiten bei dir meldet und der Kontakt eher einseitig ist, dann ist er oder sie eine Fuckperson! Wenn ihm oder ihr immer erst nachts einfällt, dass es dich gibt und er oder sie „an dich denken muss" und dir ein Nackt- oder Penisfotos schickt, ist er oder sie eine gottverdammte Fuckperson.

2. DIE ÄNGSTE

Awwwww, der oder die Ärmste! Hat da jemand Bindungsängste? Muss sich da erst jemand darüber klar werden, ob man bereit für eine Beziehung ist? Möchte dich jemand nicht verletzen und hindern sie oder ihn all diese Dinge trotzdem nicht daran, mit dir ins Bett zu gehen, wenn er oder sie gerade Lust hat? Well ... it's a Fuckperson. Die funktionieren so.

3. JUST FRIENDS

Es ist das Worst-Case-Szenario in einer Nicht-Beziehung: Ihr trefft jemanden auf der Straße und er bzw. sie stellt dich „nur" als Freund*in vor. Und das, obwohl ihr regelmäßig Sex habt und gemeinsam unterwegs seid.

Er oder sie hat's ja nicht so mit Titeln, Monogamie, Beziehungen und so. Und warum sollte man etwas ändern, wenn es doch eh so gut klappt zwischen euch beiden (im Bett)? Bla, bla, bla! Übersetzt bedeutet das: Er oder sie möchte nicht dein*e Freund*in sein! Aber weiterhin mit dir Sex haben … weil er oder sie eine Fuckperson ist.

4. M.I.A

… steht für **M**issing **I**n **A**ction und für den Grundstatus deiner neuen Flamme. Er oder sie verspricht dir nämlich immer wieder aufzutauchen und kommt dann einfach nicht. Das liegt daran, dass er oder sie … *richtig* … eine Fuckperson ist.

5. YOU ARE NOT ALONE

Du bist dir wahrscheinlich nicht sicher, ob die Person, mit der er oder sie auf Instagram posiert, nicht vielleicht doch mehr als „nur ein*e Freund*in" ist. In Wahrheit weißt du auch nicht, ob du die bzw. der Einzige bist, mit der gerade was läuft. Schließlich wird das Handy niemals unbeobachtet gelassen, es könnte ja jemand von den anderen schreiben. Du hast es ja mit einer Fuckperson zu tun! *#HalloKondome*

6. WEN INTERESSIERT'S?

Definitiv nicht ihn oder sie! Was du möchtest und wie's dir geht ist nämlich nebensächlich. Hauptsache er oder sie ist happy! Fuckperson classic!

7. NOT GONNA HAPPEN!

Die Chancen, dass er oder sie nach monatelangem Fuck-person-Dasein eine Eingebung hat und beschließt, mit dir zusammenzugehen, sind genauso hoch, wie einen 6er im Lotto zu machen oder vom Blitz getroffen zu werden. Weil wir es ja immer noch mit einer Fuckperson zu tun haben.

Es stellt sich die Frage, ob du dich nicht glücklich schätzen kannst, dass er oder sie sich nicht mit dir auf eine Beziehung einlassen möchte. Aus eigener Erfahrung weiß ich, dass das sowieso „kein Potenzial" hätte ... um es sehr, sehr, sehr diplomatisch auszudrücken!

Wie ihr jedenfalls vielleicht zwischen den Zeilen lesen könnt, war ich etwas angefressen – um es gelinde auszudrücken. Auf mich, auf die besagten Männer und die Tatsache, dass Fuckpeople und ihr unangebrachtes Verhalten mittlerweile schon so salonfähig sind, dass ich bereit für eine Gegenbewegung bin ... und ich bin nicht einmal Single. Wie muss es also den Menschen gehen, die sich wirklich damit auseinandersetzen müssen.

Mit ein bisschen Kommunikation, etwas weniger Selbstgefälligkeit und einem Hauch von Ehrlichkeit wäre in Wahrheit allen Beteiligten geholfen. Mir ist bis heute schleierhaft, was so schwer daran ist, einer Person zu sagen, dass man sie zwar scharf findet und gerne mit ihr ins Bett oder woandershin geht, aber keine feste Beziehung mit ihr eingehen möchte. Kein Mensch mit ein bisschen Herz und Hirn ist scharf auf dieses Gespräch, aber dann sind zumindest die Fronten geklärt.

Und bitte kommt mir jetzt nicht mit dem „Es ist nicht immer alles schwarz oder weiß"-Shizzle. Ich weiß, dass es auch Grauzonen gibt. Aber jetzt mal ganz ehrlich: Man weiß relativ schnell, ob man etwas Festes möchte oder nicht, und genau das sollte man einfach kommunizieren, anstatt es unnötig in die Länge zu ziehen. Wird das Gegenüber traurig, wütend, verletzt sein und die gesamte Sippschaft anrufen und alle wissen lassen, was man für ein Arschloch ist? Ganz sicher sogar. Aber da muss man nun einmal durch.

Die Erkenntnis musste ich mit Mitte 20 machen, als ich dachte, es sei eine gute Idee, mir mit dem besten Freund meines Ex-Freundes (der im Übrigen mit mir Schluss gemacht hat, weil er sich schon in jemand anderen verliebt hat) etwas anzufangen. Ich bin da irgendwie reingerutscht und bevor ich da auch wieder rausrutschen konnte, war ich in einer Beziehung mit jemandem, den ich zwar nett und lustig fand, aber ehrlich gesagt auch nicht mehr. Also habe ich es nach nicht einmal sechs Wochen beendet. An dieser Stelle muss ich zugeben, dass ich schon einmal bessere Entscheidungen getroffen habe in meinem Leben, aber na ja ... you live and you learn. Es wäre mir jedenfalls im Traum nicht eingefallen, diese Affäre, denn in Wahrheit war es nicht mehr als das, unnötig in die Länge zu ziehen. Das erschien mir nicht fair, dem besagten Mann und mir selbst gegenüber.

Was ich nicht ahnen konnten, waren die Folgen zwei fragiler Männer-Egos – also meines Ex-Freundes und seines besten Freundes, also meiner Ex-Affäre (könnt ihr mir noch folgen?) –, denen ich schutzlos ausgesetzt war. Beide waren auf Rache aus und haben beängstigend viel Zeit damit verbracht, mir das Leben schwer machen zu wollen. The Drama was real und ich irgendwann zu sehr mit einem anderen Mann beschäftigt, um dem noch viel Aufmerksamkeit zu schenken. 13 Jahre sind seitdem vergangen und die wenigen Male, die wir uns über den Weg laufen, sind zwar immer noch ein bisschen weird, aber zumindest können wir es jetzt mit Humor nehmen.

Mit offenen Karten zu spielen, kann zu sehr unangenehmen Situationen führen. Es ist aber nur fair und sollte das Normalste auf der Welt sein. Blöderweise sind wir eine Generation, die zwar endlos viele Möglichkeiten hat zu kommunizieren, aber es trotzdem oftmals nicht schafft. Falls also irgendwer eine Definition für Ironie braucht, dieser Umstand ist ein sehr akkurate.

UNDER PRESSURE

Es ist noch nicht so lang her, dass ich Menschen in meinem Umkreis geraten habe, Sport zu machen, sich gesünder zu ernähren oder auf ihren Vitamin-B12-Haushalt zu schauen, wenn sie mir erzählt haben, dass es ihnen mental nicht gut geht. Und wenn ich schreibe „mental nicht gut geht", dann meine ich Panikattacken, Depressionen oder Ähnliches. The real deal also. Das soll jetzt keine Ausrede sein, aber ich wusste es damals tatsächlich nicht besser. Hinterher ist man ja bekanntlich immer schlauer und realisiert – zumindest in meinem Fall – wie ignorant und unsensibel man oftmals auf den psychischen Zustand einer Person reagiert hat.

Psychische Krankheiten waren für mich immer meilenweit weg. Mir war nicht klar, was Traumata mit der Psyche anrichten können, dass seelische Erkrankungen genetische Ursachen haben können und dass eine Änderung des Hormonhaushaltes und andauernde alltägliche Belastung auch der Psyche schaden können. Ganz zu schweigen von einer Pandemie. In der Bubble, in der ich mich bewege, sind psychische Krankheiten kein Tabuthema mehr, genauso wenig wie Therapie oder die Einnahme von Psychopharmaka. Das ist nicht die Norm. Leider.

Meine Freundin B. etwa war immer der menschliche Fels in der Brandung. Für alle und jeden. An dem Tag, an dem mein Vater starb, hab ich sie im Schock angerufen und sie gefragt, ob sie mit mir Särge anschauen kann. Was ich zu diesem Zeitpunkt nicht bedacht habe, sind die alten Wunden, die ich in ihrer Seele aufgerissen habe, aber ich konnte zu dem Zeitpunkt einfach nicht klar denken. Jedenfalls war B. innerhalb kürzester Zeit gestellt, hat mich mit dem Auto abgeholt und sich mit mir Särge angeschaut. Ohne mich oder diese etwas merkwürdige Aktivität zu hinterfragen. Für sie war es eine absolute Selbstverständlichkeit. Ich bin ihre Freundin, ich brauchte sie und sie war da. Das ist der Typ Mensch, der B. ist. Blöderweise blieb sie selbst oft auf der Strecke. Diese Selbstlosigkeit und noch ein paar andere Faktoren – wie unter anderem die Auswirkungen einer Pandemie – haben ihre Seele schwer belastet und plötzlich war der menschliche Fels in der Brandung, wie wir ihn kannten, einfach nicht mehr so stabil wie sonst. Sie so zu sehen erschreckte mich und brach mir das Herz. Ich hatte das Gefühl, ihr nicht helfen zu können, nervte sie deshalb mit Anrufen und Nachrichten und nahm mir vor, mich mehr mit dem Thema zu beschäftigen, damit ich ihr zumindest eine mentale Stütze sein konnte – sofern es möglich war.

Viele Menschen verbinden psychische Krankheiten damit, „nicht ganz dicht" oder „schwach" zu sein. Es ist mir eine Ehre, euch allen mitteilen zu dürfen, dass das mal wieder absoluter Bullshit ist. Falls ihr das nicht ohnehin schon wisst. Man ist nicht „abnormal", wenn man eine psychische Belastung hat, sondern einfach nur krank. Nicht crazy, nicht gaga, nicht verrückt und schon gar nicht weird. Einfach nur psychisch nicht gesund.

Genauso wenig wie einem eine Krebserkrankung, Migräne, ein Bandscheibenvorfall oder andere physische Probleme peinlich sein müssen, braucht man sich auch nicht für psychische Probleme schämen. Schon wieder etwas, das leichter gesagt ist als getan. Aber wenn wir nicht immer wieder anfangen, gegen diese Stigmata zu kämpfen, wird sich nichts ändern. Und das ist nun mal keine Option.

Also bitte sprecht mir nach: Eine psychische Krankheit zu haben, ist nicht peinlich!

Wie der Körper muss auch die Seele behandelt werden, wenn sich etwas nicht gut anfühlt. Manchmal helfen schon ein paar Stunden Psychotherapie, manchmal braucht es eben on top auch Medikamente.

Ich sag's euch ganz ehrlich, manchmal schaue ich mich um und frage mich, wie wir – speziell Frauen – das eigentlich alles aushalten. Von klein auf wird uns eingetrichtert, wie wir sein sollen. Nicht zu laut, ein bisschen gefügig, emotional, aber bloß nicht zu emotional. Smart, aber bitte nicht obergescheit. Dann beginnt der Körper sich zu verändern. Davon darf man übrigens nicht zu viel zeigen und bitte bloß nichts erzählen. Körperbehaarung? Bitte nur am Kopf, über den Augen und als Wimpern. Alles andere ist „nicht weiblich".

Nicht zu schlank, nicht zu dick, nicht zu groß, aber bitte auch nicht zu klein. Sexy, aber auf keinen Fall zu sexy, am Ende könnte man ja merken, dass man gerne Sex hat. Die Haut soll im Idealfall weiß sein, wenn sie es nicht ist, dann muss man als weiblich gelesene Person nicht nur mit Rassismus, sondern auch schon früh mit Exotisierung und Sexualisierung dealen.

Dann wäre da noch die Periode. Menschen, die menstruieren, können ein verbittertes Lied davon singen, was für ein riesengroßes Tabu die Monatsblutung ist. Dazu kommen Alltagssexismus, Bodyshaming, sexuelle Übergriffe und so weiter. Und wir haben noch nicht einmal das hochsensible Thema Kinderwunsch angeschnitten. Auch da kann man als Frau im Grunde nur verlieren. Wir sind ja gesellschaftlich so geprägt, dass ein Baby zu wenig ist, alles über zwei Kinder asozial und keines ein Fehler ist.

Ich will gar nicht erst anfangen mit dem optimalen Alter, um Kinder zu kriegen. Hauptsache, man nimmt nicht zu viel zu während der Schwangerschaft, ist permanent gut gelaunt, auf natürlichem Wege innerhalb von einem Jahr schwanger geworden und hat das Kind auch auf natürlichem Wege auf die Welt gebracht. Dann ist das Baby endlich da und man sollte – abgesehen von glücklich – wenn möglich nur glücklich sein. Postpartale Depression? Bitte nicht und wenn doch, dann bitte leise. Ebenso wenig wie „überschüssige" Babykilos. Alles muss leicht von der Hand gehen, man darf einem den Schlafmangel und die chronische Sorge nicht ansehen. Man sollte stillen, nach sechs Wochen wieder Sex haben und eventuell möglichst bald wieder arbeiten gehen. Weil Hausfrauen prinzipiell Anti-Feministinnen sind.

Wenn man sich dann wieder in der Arbeitswelt findet – hoffentlich nicht zu früh, weil man ja sonst eine Rabenmutter ist – muss man Vollgas geben. Alles andere ist inakzeptabel und schwach. Und Schwäche zu zeigen ist nur in einigen wenigen Situationen in Ordnung. Der Job ist keine davon.

Und dann gibt es noch die „Weirdos", die so wie ich keine Kinder haben. Aber auch hier wird wieder separiert, dann lässt es sich besser kategorisieren: Es gibt die Variante Frau, die viel zu spät mit der Kinderplanung begonnen hat. Grundsätzlich gilt hier der Tenor: Selbst schuld, kein Mitleid. Zumindest nicht viel, weil im Grunde ja jede Person weiß, dass man mit 35 schon raus aus dem Kinderkriegen-Game ist, aber mit ein bisschen Glück – oder in meinem Fall with a little help from my friend Wissenschaft – kann man vielleicht, aber auch wirklich nur vielleicht, eine geriatrische Schwangerschaft herbeiführen.

Frauen, die gar keine Kinder wollen, sind sowieso raus. Die haben einfach nicht verstanden, worum's geht bei ihrer Existenz, werden als komisch oder egoistisch abgestempelt und dürfen nicht mitreden.

All das, was ich hier aufgelistet habe, ist in Wahrheit nur ein Bruchteil dessen, womit sich Frauen im Laufe ihres Lebens herumplagen müssen. Es wundert mich also nicht, dass immer mehr Frauen seelisch krank werden.

Durch Corona hat sich das noch verstärkt. Über ein Jahr Pandemie hinterlässt Spuren, zehrt an den Nerven und nimmt einem die Kraft, all das weiter zu verdrängen, was man bis dato unter den Teppich gekehrt hat. Dass die Belastung unerträglich ist und auf die Psyche schlägt, ist zu erwarten und vor allem menschlich.

Ob ihr es glaubt oder nicht, Frauen halten unser System am Leben, und das, während sie marginalisiert, unterdrückt und oftmals nicht ernst genommen werden. Bei nicht-weißen, dicken, behinderten oder transsexuellen Frauen wird das alles nochmal durch zusätzliche Diskriminierung getoppt. Wenn ihr weiß seid, erzähle ich euch das nicht, um eure Belastungen hinunterzuspielen, sondern weil wir hier intersektionalen Feminismus großschreiben. Das bedeutet, dass wir niemanden ausschließen, aber versuchen, möglichst viele Lebensrealitäten sichtbar zu machen.

Fakt ist, the struggle is real. Hier sind ein paar Anlaufstellen, wenn es mal wieder zu viel wird, ihr nicht weiterwisst oder es gerade keinen freien Kassenplatz für eine Psychotherapie gibt. Wenn ihr Hilfe braucht, bitte holt sie euch.

ÖSTERREICH

Telefonseelsorge
Tel.: 142
www.telefonseelsorge.at

DEUTSCHLAND

Telefonseelsorge
Tel.: 0800-1110111 und 0800-1110222
www.telefonseelsorge.de
muslimische Telefonseelsorge
Tel.: 030-443509821

SCHWEIZ

„Die dargebotene Hand" aka. Telefonseelsorge
Tel.: 143
www.143.ch

Und nur, damit wir das auch aus der Welt geschafft haben: Ihr seid nicht alleine mit euren psychischen Krankheiten! Im Jahre 2020 leiden rund ein Viertel der Österreicher*innen unter depressiven Verstimmungen und/oder Angststörungen. Also so, wie es euch geht, geht es vielen anderen da draußen auch.

Eine meiner Freundinnen, die an Depressionen leidet, hat mich gebeten, eine Liste an Dingen zu machen, die sie nicht mehr hören kann. Hier sind die Top 5:

1. „HAST DU'S SCHON MAL MIT YOGA, MEDITATION, VEGANER ERNÄHRUNG UND SPORT PROBIERT?"

Diese Frage ist der Beweis dafür, dass es sehr wohl dumme Fragen gibt. Und ich darf das sagen, ich habe sie auch schon gestellt. Ich bin nicht stolz drauf.

2. „ICH VERSTEHE NICHT, WIESO DU JETZT SO TUST. DU HAST DOCH ALLES!"

Wenn es bei Depressionen, Panikattacken und Co. um Dinge gehen würde, die man hat oder nicht hat, hätten wir das Problem schon gelöst. *VerdrehtDieAugenInnerlich*

3. „DU MUSST EINFACH NUR POSITIV DENKEN!"

Du hingegen musst einfach scheißen gehen!

4. „IMMERHIN BIST DU NICHT WIRKLICH KRANK!"

Psychische Krankheiten sind – Überraschung! Überraschung! – Krankheiten. Sie sind zwar keine körperlichen, aber psychische. Außerdem ist das hier keine Challenge der Krankheiten. Nicht gesund zu sein ist an sich schon mühsam genug, dafür braucht man wirklich nicht dankbar sein.

5. „BIST DU DIR SICHER, DASS DU DIE ANTIDEPRESSIVA NEHMEN MAGST? DAVON WIRD MAN DOCH SÜCHTIG!"

Psychopharmaka sind Schmerzmittel für die Seele. Nur, dass sie nicht süchtig machen und niemand scharf darauf ist, sie zu nehmen. Aber sie helfen Menschen mit psychischen Krankheiten, also sollten diese sie auch nehmen können – unter ärztlicher Aufsicht – und ohne dafür von anderen Menschen und ihrem gefährlichen Halbwissen geshamed zu werden.

Wenn ihr nicht wisst, wie ihr den Menschen um euch herum mit ihren Belastungen helfen sollt, fragt sie einfach. Und wenn sie es selbst auch nicht wissen, weil sie ohnehin schon mit ihren Ängsten und Sorgen überfordert sind, dann macht euch selbst schlau. Aber bitte opfert euch nicht komplett auf, um dann nach kurzer Zeit vollkommen ausgebrannt zu sein und nicht mehr helfen zu können.

Eine Sache noch: Wenn wir hier schon psychische Krankheiten thematisieren, dann möchte ich nicht außer Acht lassen, dass Menschen, die unter einer solchen leiden, nicht trotzdem Arschlöcher sein können. Schließlich sind wir alle nur Menschen und ich glaube, es ist wichtig, sich vor Augen zu halten, dass bewusstes respektloses Benehmen, Grenzüberschreitungen und Co. trotzdem inakzeptabel sind. Und damit meine ich nicht, dass besagte Person nicht zur Party auftaucht, weil es zu belastend wäre, sondern absichtlich richtig gemeine Dinge tut oder zu sagt. Wie in allen Bereichen des Lebens gilt, wenn ihr mich fragt, auch hier der weise Spruch: Be kind, be patient, but don't take shit.

GROWN WOMEN

... und all jene, die als solche gelesen werden, sind Übermenschen. Niemand kann mich vom Gegenteil überzeugen. Dass wir diesen Planeten nicht schon längst niedergerissen und komplett neu aufgebaut haben, wundert mich jedes Mal aufs Neue, wenn ein Mann uns wieder daran erinnert, dass wir das Patriarchat möglichst schnell im Keim ersticken müssen. Es wäre legitim und absolut nachvollziehbar. Zumindest für all jene, die nicht vollkommen ignorant durch die Welt laufen. Ich persönlich sehe mich als Feministin. Bis vor nicht allzu langer Zeit habe ich immer betont, dass ich eine „Feministin in progress" bin, also quasi in der Lehre, aber das habe ich abgelegt, nachdem ich realisiert habe, dass es zu einem Lernprozess dazugehört, Fehler zu machen.

Mir fällt zum Beispiel das Gendern nicht so leicht. Nicht, weil ich es für unwichtig und übertrieben halte, sondern weil ich es 37 Jahre lang nicht gemacht habe. Wieder keine Ausrede, lediglich eine Erklärung, wieso ich ab und zu darauf vergesse, obwohl ich weiß, wie wichtig es ist, repräsentativ für alle zu sprechen und zu schreiben. Ich bin ja selbst eine der Frauen, die gerne vom Feminismus ausgeschlossen werden. Aufgrund meines Schwarzseins und der Tatsache, dass ich nicht schlank bin. Abgesehen davon bin ich davon überzeugt, dass wir das mit der Repräsentation für uns selbst und für die nächsten Generationen besser machen müssen. Die sollen bitte nicht in einem komplett vermännlichten System aufwachsen, in dem es nur Ärzte, Leser, Verkäufer, Redakteure,

Tänzer und Ähnliches gibt. Es muss auch Ärztinnen, Leserinnen, Verkäuferinnen, Redakteurinnen und Tänzerinnen geben, damit Frauen sich repräsentiert und wertgeschätzt fühlen. Und das in Wort, Schrift und Taten.

Was glaubt ihr, was das für einen Unterschied macht, wenn sie schon mal mit so einer vermeintlichen Kleinigkeit groß werden? Lasst mich es euch gleich vorwegnehmen: einen riesigen.

Repräsentation ist leider nicht die Lösung all unserer sexistischen Problem, wäre aber ein guter Start, den man leicht umsetzen könnte, wären die Menschen an der Spitze nicht zu faul, ignorant und machtgeil. Jap, ich habe das gerade wirklich geschrieben und es kommt von Herzen.

Wer im Jahre 2021 immer noch nicht verstanden hat, wie wichtig Diversität ist, der möchte es nicht verstehen. Ganz einfach.

Es braucht in jeder Berufsgruppe mehr Frauen. Und zwar wirklich in jeder: Urologinnen, Mechatronikerinnen, Bauarbeiterinnen, CEOs von irgendwelchen gigantischen Konzernen, Politikerinnen, Mechanikerinnen, Handwerkerinnen, Direktorinnen etc. ... you name it, women need to do it. Aus dem einfachen Grund, weil wir es machen können. Das Patriarchat und dessen Jünger haben uns nur über Generationen glauben lassen, dass dem nicht so ist. Deshalb möchte ich noch einmal dringend hervorheben, dass es sowas wie Berufe für Frauen und Berufe für Männer nicht gibt. Das ist ein Mythos, den wir leider verinnerlicht haben.

Wenn von Repräsentation die Rede ist, dann sind nicht einfach nur Frauen gemeint. Hier regiert der intersektionale Feminismus und da wird niemand ausgeschlossen. Das ist die einzig wahre Form des Feminismus, wenn ihr mich fragt, nämlich die, die sich nicht nur für die Gleichberechtigung der weißen, heterosexuellen, katholischen Cis-Frau einsetzt. Beim intersektionalen Feminismus werden nicht-weiße, queere Frauen mit oder ohne Behinderung, egal welchem Glauben sie angehören und wie alt sie sind, einbezogen. Die Theorie der Intersektionalität entstammt der Feder von Kimberlé Crenshaw. Einer afroamerikanischen Juristin, Universitätsprofessorin, Philosophin und Aktivistin, die ich bis vor Kurzem ehrlich gesagt nicht kannte. You live and you learn. Ich wusste zwar, was intersektionaler Feminismus bedeutet, wieso er so wichtig ist und dass er oft Mangelware ist, aber nicht, wer diesen Ausdruck erfunden und definiert hat. Crenshaw beschreibt mit dem Begriff der Intersektionalität die Überschneidung verschiedener Formen von Diskriminierung in einer Person. Wenn wir also als Beispiel eine weiße, junge, schlanke, Cis-Frau ohne Behinderung und sichtbare Religionszugehörigkeit als Beispiel nehmen, wird sie aufgrund ihres Geschlechts diskriminiert, weil: Frauenfeindlichkeit. Geht es aber um eine Schwarze, dicke Trans-Frau mit Behinderung in ihren späten 60ern, muss diese sich nicht nur mit Misogynie auseinandersetzen, sondern hat auch mit Rassismus, Altersdiskriminierung, Trans- und Behindertenfeindlichkeit zu kämpfen. In ihrem Fall überschneiden sich die Gründe für eine Diskriminierung und das wird oft ausgeblendet. Denn in dieser vom Patriarchat dominierten Welt ist Frausein an sich schon ein Spießrutenlauf. Wenn man aber zusätzlich nicht normschön oder heterosexuell ist, mit Behinderung lebt und/oder zum Beispiel einen Hijab trägt, dann ist es ein Spaziergang auf einem Mienenfeld. Egal wie sensibel die eigene Bubble auf soziale Ungerechtigkeit reagiert.

Beim intersektionalen Feminismus werden übrigens alle Frauen miteinbezogen, auch Anti-Feministinnen. Das ist das Coole am Feminismus. Keine wird ausgeschlossen und zurückgelassen, und im Idealfall auch nicht für ihre Entscheidungen verurteilt. Im Idealfall halt. Im echten Leben sieht das Ganze ein bisschen anders aus. Und das ist eines der vielen Probleme, die wir im Feminismus haben. So sehe ich immer noch Frauen-Seminare, Webinare und Podiumsdiskussionen, zu denen nur weiße Frauen geladen sind. Das ist nicht nur diskriminierend, sondern einfach nicht repräsentativ für unsere Gesellschaft. Wenn ich so etwas sehe, kann ich die Veranstaltung meist nicht ernst nehmen.

Als weiße Person könnt ihr das auch einfach auf euer Privatleben ummünzen und hinterfragen, wie divers euer Freundes- und Bekanntenkreis ist. Mit wie vielen People of Color habt ihr wirklich regelmäßig was zu tun? Wie viele behinderte Menschen kennt ihr und mit wie vielen Muslim*innen seid ihr regelmäßig in persönlichem Kontakt?

Mein Freundes- und Bekanntenkreis per se ist nicht nur riesig, sondern auch sehr divers. Nichtsdestotrotz weiß ich, dass ich Freunde und Freundinnen habe, die außer mit mir mit keiner anderen Schwarzen Person bekannt – geschweige denn befreundet sind. In Wien. Einer verhältnismäßig großen und kunterbunten Stadt. Nicht, dass ihr das am Land nicht auch hinterfragen solltet.

Wir Frauen sind – ohne Übertreibung – ein Wahnsinn.

Dass ich von so vielen unterschiedlichen tollen Frauen umgeben bin, macht mich nicht nur stolz, es erinnert mich auch daran, dass wir unfassbar vielseitig sind. Und da mache ich keinen Unterschied zwischen der Studentin, der Mutter, der Hausfrau, der Künstlerin, der Angestellten, der Alleinerzieherin, der Witwe, der Verheirateten, der Unternehmerin, der Langzeitarbeitslosen, der Unverheirateten, der reichen Frau, der armen, der jungen oder der älteren. Jede von uns trägt ihre emotionale Last, zusätzlich zu dem, was unsere Gesellschaft ihr aufbürdet, und jede meistert das auf eine faszinierende Art und Weise. Wenn es nicht so merkwürdig wäre, würde ich fast behaupten, dass ich stolz auf uns bin.

Aber obwohl ich Frauen liebe, muss hier nochmal erwähnt werden, dass wir, was den Umgang miteinander angeht, auch noch viel zu tun haben. Diesen Mechanismus, der dazu führt, dass Frauen oft auf einem ganz anderen Level wieder miteinander konkurrieren müssen, finde ich persönlich nicht mehr feierlich. Ich selbst finde mich kaum noch in solchen Situationen, aber es war harte Arbeit an mir und meinem Selbstwertgefühl, mir das abzugewöhnen. Wenn wir uns nicht gegenseitig den Rücken stärken, schneiden wir uns höchstens ins eigene Fleisch und geben den Männern Raum, sich noch mehr zu entfalten. Die bilden in der Zwischenzeit Allianzen, konkurrieren oftmals mit ihrem finanziellen Status und ihren Muskeln und machen sich überall breit. Wir Frauen sind in der Zwischenzeit damit beschäftigt, dem *male gaze* zu verfallen, anstatt uns zu solidarisieren.

Wenn zwei Frauen in einem Raum voller Männer sitzen, fühlen sie sich wahrscheinlich nicht nur unwohl, sondern vergleichen ihr Äußeres und wollen instinktiv zuerst miteinander konkurrieren, bevor sie eine Einheit bilden. Sollte es überhaupt so weit kommen. Noch so eine Sache, zu der wir konditioniert wurden.

Aber es sind Kleinigkeiten, die den Unterschied machen. Kleinigkeiten wie Komplimente. Seitdem ich denken kann, macht meine Schwester Rita Frauen Komplimente. Nicht randomly und auch nicht zur Show, sondern aus tiefstem Herzen. Ich hab's lang ein bisschen merkwürdig gefunden und auch nicht verstanden, wieso sie es macht. Es hat ja sonst kaum jemand getan. Irgendwann hat sie mir erklärt, dass sie es leid ist, nur von Männern Komplimente zu bekommen, obwohl wir Frauen doch die „Real MVP" sind und uns das gegenseitig auch wissen lassen sollten. Der Begriff „MVP" steht übrigens für Most Valuable Player, kommt aus dem Sport und bedeutet übersetzt „wertvollste*r Spieler*in", und was soll ich sagen, der Ausdruck passt wie angegossen. Jedenfalls hatte meine Schwester folgende Vision: Wenn das immer mehr Frauen machen, verstehen wir auch, dass wir zusammen unbesiegbar sind und nicht miteinander konkurrieren müssen. Das ist jetzt sicher schon 15 Jahre her und manchmal überkommt mich immer noch dieses verblüffte Gefühl, weil ich es – bis zu dem Tag, an dem sie es mir erklärt hat – nie so gesehen habe.

Ich selbst habe Frauen schon immer unterstützt – je nach Sympathie manche mehr und manche weniger, aber immer zumindest ein bisschen. Wahrscheinlich instinktiv und weil ich es von zu Hause nicht anders beigebracht bekommen habe. Aber irgendwie war ich trotzdem immer extrem streng bestimmten Frauen gegenüber. Hundertprozentig, weil mich irgendwas an der Person verunsichert hat, aber ich es damals noch nicht deuten konnte. Mittlerweile gelingt es mir oft, diesen Reflex zu unterdrücken und mich daran zu erinnern, dass für alle Frauen genug da ist und wir uns gegenseitig nichts wegnehmen. So hole ich mich selbst wieder auf den Boden der Tatsachen zurück und versuche, nicht über die Frauen zu urteilen, die das noch nicht so sehen. Aber es ist nicht immer leicht.

Grundsätzlich bin ich ganz hart im Nehmen, aber wenn eine Frau mir in den Rücken fällt, schmerzt mich das sehr. Es tut noch viel mehr weh, wenn die Frau Schwarz ist, und das, obwohl ich mittlerweile verstehe, wieso manche Frauen so agieren, wie sie agieren.

Ich hatte zum Beispiel mal eine Arbeitskollegin, die ein paar absurde und nicht richtige Sachen über mich gesagt hat, um sich selbst besser dastehen zu lassen. Davon habe ich mich wirklich lange nicht erholt, weil mir nicht eingeleuchtet hat, wieso sie so gemein zu mir war. Wir haben uns immer gut verstanden – zumindest in meiner Welt – und wir waren die einzigen beiden Women of Color in diesem Büro. Da gilt doch dieser unausgesprochenen Ehrenkodex. Dachte ich zumindest. Mittlerweile sind Jahre vergangen und ich habe verstanden, dass sie eifersüchtig war. Wenn wir uns auf der Straße sehen, grüßen wir uns nicht. Rein theoretisch nicht verwunderlich. Ich bin ja immer noch in Wien zu Hause, da kennt man sich bekanntlich vom Wegsehen. Vielleicht legt sich das irgendwann wieder. Bis dahin solidarisiere ich mich mit den anderen Frauen so gut es geht, hoffe darauf, dass es umgekehrt auch so ist, es uns wiederum andere Frauen gleichtun und diese es an ihre Kinder und all die anderen Frauen in ihrem Leben weitergeben. Ich bin davon überzeugt, dass wir dann noch mehr bewirken können, als wir es ohnehin schon tun.

Im Übrigen kann ich gut verstehen, dass viele Männer, die bis jetzt ein sehr gemütliches, vor Misogynie triefendes Leben geführt haben, von den Frauen, die „plötzlich" Anforderungen, Fragen, Gegenargumente, eine sehr starke Meinung haben oder einfach Nein sagen, etwas eingeschüchtert sind. Wir werden auch beachtlich lauter, stärker und mehr. Da würde ich auch nervös werden. Akzeptieren kann ich es nicht. Verstehen schon. Es muss sich etwas ändern! Und wenn im Zuge dessen ein paar männliche Cis-Köpfe rollen*, dann soll dem so sein.

Wir Feministinnen sind gekommen, um zu bleiben.

*Natürlich nur im bildlichen Sinne. Gewalt ist ja keine Lösung.

FEAR NOT FOR (WO)MAN

Immer wieder gratuliert man mir zu meinem Mut. Ob ich meine Cellulite zeige, mich nach jahrelanger Anstellung mit Mitte 30 für die Selbstständigkeit entscheide, offen mit meinem IVF-Prozess umgehe, mich für unsere Breitengrade ungewöhnlich farbenfroh style oder dieses Buch schreibe. Mir wird ständig dazu gratuliert, dass ich mich etwas traue. I get it, ich mache oft mal unkonventionelle Dinge. Dinge, die sich die Gesellschaft von einer Frau (wie mir) nicht erwartet, und dafür müsste man ja Eierstöcke aus Stahl haben. Die habe ich Gott sei Dank nicht, dafür kann ich mit sehr viel Angst dienen. In meinem Kopf gibt es zwei Arten von Angst. Die eine Version ist die Angst vor Neuem. Unterbewusst irritiert mich nämlich nichts so sehr wie Veränderung. Ich bin ein sehr gemütlicher Mensch, und wenn ich mich erstmal wohlfühle und das Gefühl habe, dass alles passt, möchte ein Teil von mir auch, dass das bitte für immer so bleibt. Mein Mann sagt, dass das die Österreicherin in mir ist, und ich widerspreche ihm hier nicht. Der andere Teil, der in mir steckt, ist der, der zwar ein bisschen nervös ist, was Veränderungen angeht, aber es eigentlich kaum erwarten kann, seinen Horizont zu erweitern. Das ist clearly der nigerianische Part, der sich so gut wie immer durchsetzt, sonst würdet ihr diese Zeilen hier nicht lesen.

Ich fürchte mich oft und viel – ohne genau zu wissen wovor, beinahe instinktiv – und habe nicht immer die emotionalen Kapazitäten, mich nicht von meiner Furcht vereinnahmen, geschweige denn aufhalten zu lassen. Angst ist ein beschissener Ratgeber und ein noch beschissenerer Führer. Eine Erkenntnis, die ich schon ein paarmal machen musste.

Mein Anspruch an mich selbst ist grundsätzlich hoch, aber sehr realistisch. Ich erlaube mir Fehler und Scheitern – auch, wenn es mich nervt. Alles andere ist utopisch und viel zu anstrengend.

> **So abgedroschen die Floskel „Nobody's perfect" ist, so viel Wahrheit steckt auch in ihr. Es gibt da draußen keinen fehlerfreien Menschen und weder ihr noch ich werden den Anfang machen.**

Egal, wie sehr man sich bemüht, sich hineintigert und was weiß ich noch alles tut, um etwas tadellos zu machen oder einfach perfekt zu sein, es ist reine Zeitverschwendung: Das Universum hat ganz bestimmt andere Pläne. Was nicht bedeutet, dass man sich nicht anstrengen soll. Aber eben alles mit Maß und Ziel; vor allem Letzteres sollte realistisch gesetzt werden.

Und dann kommt noch die Angst vor der Blamage, die ich hier auf keinen Fall außen vor lassen möchte. Es ist eine Sache, wenn man es vor sich selbst versaut, aber wenn es vor jemand anderem passiert, ist das gleich eine andere Liga.

Wir leben in einer Welt, in der wir zwar alle mal was falsch machen, aber menschliches Versagen, Fehler oder Scheitern gesellschaftlich nahezu inakzeptabel sind.

Wenn man Pech und Publikum hat, stehen die Chancen gut, dass man nicht einfach zur Verantwortung, sondern auch durch den Dreck gezogen wird. Öffentlich. Plötzlich findet man sich in einem vollwertigen Shitstorm wieder. In dieser Sphäre, in der wir uns befinden, ist performative Perfektion schon so normal, dass jede Kleinigkeit, die jemand falsch macht, zum Skandal aufgebauscht wird. Das ist in so vielen Punkten einfach nur anstrengend und unfair. Bloß nicht falsch verstehen, ich bin eine große Verfechterin davon, dass man dafür verantwortlich gemacht werden sollte, wenn man etwas falsch gemacht hat. Aber wenn das Gegenüber nicht sachlich erklären kann, warum die Handlung problematisch war und stattdessen auf Beleidigungen, Lustigmachen, Morddrohungen und körperliche Attacken zurückgreift, dann ist diese Person definitiv nicht in der Position, andere zu kritisieren. Wer andere als emotionale Punching Bags benutzt, um vielleicht auch von den eigenen Problemen abzulenken, sollte vor seiner eigenen Tür kehren. So kommen wir nämlich nicht weiter.

Wenn wir öfter offen mit unseren Fehltritten umgehen, uns weniger inszenieren und uns eingestehen, dass wir alle nicht fehlerlos sind, wäre unser aller Leben definitiv einfacher.

Dass wir keinen Schalter in unserem Kopf haben, den wir einfach umlegen und es dadurch besser machen können, ist bitter. Aber das wäre auch viel zu einfach. Es braucht Übung, einen Aufbau des Selbstbewusstseins und die Anerkennung des Selbstwerts. Man ist nämlich nicht wertlos, wenn man etwas falsch macht, oder das, was man getan hat, nicht funktioniert hat. Man ist höchstens ein Mensch, der eine weitere Erfahrung gesammelt hat. Oftmals im Gegensatz zu der Person, die über einen urteilt.

Meine zweite Angst hat ihren Ursprung in einer traumatischen Erfahrung. Bevor mein Vater 2015 sehr überraschend verstorben ist, war mir nicht klar, was Verlustängste sind. Mittlerweile weiß ich es nur allzu gut. Ein Beispiel: Wenn mein Mann und ich uns gestritten haben, ist er früher oftmals wutentbrannt aus der Wohnung geflohen. Um frische Luft zu schnappen, um einen klaren Kopf zu bekommen. Er hat das anfangs ohne Vorwarnung gemacht und so Panik in mir ausgelöst. Wohlwissend, dass er irgendwo schwer emotional in Hipsterville herumkrebste und vor sich hin fluchte, habe ich mich trotzdem immer wieder gefragt: „Was, wenn ihm etwas passiert? Was, wenn er nicht mehr zurückkommt, was wenn …?" Der Gedanke, ihn zu verlieren war so triggernd für mich, dass ich ihn weinend angerufen habe, damit er zurückkommt. Es hat quasi eine halbe Therapiesitzung gebraucht, um zu eruieren, was mein Problem ist. Verlustangst. Und nachdem wir der ganzen Sache einen Namen geben konnten, war es auch für den Markus und mich leichter, damit umzugehen.

Mittlerweile haben wir einen Deal, bei dem er immer sagen muss, dass er nur kurz um den Block geht, um sein Leben zu packen, und dass er sicher wieder zurückkommt. Das hat mir nicht nur dabei geholfen, meine Angst unter Kontrolle zu bekommen, sondern nimmt auch den meisten Streitereien ein bisschen den Wind aus den Segeln. Wie die meisten Paare stehen wir nämlich dann da, streiten, schreien, vielleicht weint auch noch jemand, und während der Markus sich stinksauer seine Schuhe anzieht und ich ihn frage, wo er hingeht, schaut er mich mit dem letzten Quäntchen Nerv an und keift durch seine Zähne: „Ich geh' nur einmal um den Block, weil ich's nimmer pack. Aber ich komme wieder. Du gehst mir zwar am Oarsch, aber ich liebe dich wirklich sehr!" Da muss ich innerlich schon lachen, schrei aber meistens: „Bitte geh und geh mit Gott, aber mir nimmer am Zeiger!" Und denke mir das „Ich liebe dich" einfach. Jetzt, wo ich das so niederschreibe, bin ich mir nicht sicher, ob das ein gesunder Umgang mit der Situation ist, aber er hat uns dabei geholfen, mit meinen Verlustängsten umzugehen. Zumindest was den Teil angeht.

Ich habe immer noch Angst um die Menschen, die mir am Herzen liegen. Ich habe die Befürchtung, dass ihnen randomly etwas zustoßen könnte. Dass sie zur falschen Zeit am falschen Ort sind, ihnen etwas passiert und sie es im schlimmsten Fall nicht überleben. Mit ein bisschen professioneller Hilfe und Übung darin, den negativen Gedanken nicht so viel Raum zu geben, habe ich das auch ganz gut unter Kontrolle bekommen.

Und wenn es mich doch einholt, dann sage ich es der Person, umarme sie – sofern es Covid zulässt – ein bisschen länger und fest oder kaufe ihr einfach einen Fahrradhelm, wie im Falle meiner Freundin I.

Ich bin sehr froh, dass ich meine Ängste so gut kanalisieren kann. Mein Umfeld macht mir in Zeiten wie diesen kristallklar, dass das keine Selbstverständlichkeit ist.

Menschen, die mit einer Angststörung oder Panikattacken leben und jeden Tag so nehmen, wie er kommt, haben meine höchste Bewunderung. Sie sind auch meine Motivation, möglichst nett zu meinen Mitmenschen zu sein, weil man nie weiß, wie es einer Person innen drinnen geht. Das gelingt mir mal mehr und mal weniger gut. Aber auch hier sind Fehltritte erlaubt. Warum? G E N A U, weil niemand perfekt ist.

B*TCH, BETTER GET YOUR MONEY!

Eigentlich wollte ich dieses Kapitel mit „Mo' Money, Mo' Problems!" betiteln, aber es hätte nicht gepasst. More money, bedeutet definitiv nicht more problems – höchstens very different problems, deswegen heißt es jetzt anders.

2013 war ich 30 Jahre alt, 10.000 Euro im Minus und ehrlich gesagt nervlich auch im Arsch. Zu dem Zeitpunkt habe ich schon 17 Jahre meines Lebens gearbeitet, nicht immer Vollzeit, aber mindestens geringfügig. Ich habe – wie sich später herausgestellt hat viel zu jung – bei Minusgraden Flyer verteilt, im Hochsommer Pizza am Pizzastand verkauft, auf dem Wiener Donauinselfest Merch verteilt, für die unterschiedlichsten Servicelines telefoniert, einer Chefredakteurin assistiert, die mich gern als ihren menschlichen Sandsack benutzt hat, um von ihren Minderwertigkeitskomplexen abzulenken, war im Einzelhandel tätig, habe bei Clubbings hinter der Bar und an der Garderobe gearbeitet, war Sachbearbeiterin bei einer Versicherung und Redakteurin bei verschiedenen österreichischen Lifestyle-Magazinen. Nur um einer paar der Dinge aufzuzählen, die ich in meinem Leben beruflich schon gemacht habe. Und trotzdem war ich für meine Verhältnisse hoch verschuldet. Meine Eltern hatten nie Geld. Nach außen hin hat es uns zwar an nichts gefehlt, aber der Schein trügt ja gerne mal. So sind Gerichtsvollzieher bei uns ein und aus gegangen, wir hatten oft tagelang keinen Strom, jahrelang kein Warmwasser und keine Heizung. Wenn also jemand Tipps braucht, wie man sich mit einem Kübel voll aufgekochtem Wasser von Kopf bis Fuß sauber bekommt, schreibt mir gern, I am your woman! Ich bin ein Profi auf dem Gebiet, auch wenn ich wünschte, dass es nicht so wäre.

Es kommt also wahrscheinlich wenig überraschend, dass ich lange keine Ahnung davon hatte, wie man mit Geld umgeht. Sobald ich welches hatte, habe ich einen minimalen Bruchteil meiner Schulden getilgt und den Rest für Kleidung, Essen und Partys ausgegeben. Ich war zwar pleite, aber nicht willig, meinen Lifestyle aufzugeben. Keine Ahnung, ob man da wirklich von einem Lifestyle sprechen kann, aber zumindest hatte ich Spaß, wenn ich schon kein Geld hatte. Nächtelang bin ich zwar vor Geldsorgen wach gelegen, aber etwas zu ändern wäre mir im Traum nicht eingefallen. Keine Sorge, ich möchte kein Mitleid. Dass ich es so weit habe kommen lassen, ist ein klassischer Fall von SSKM – **S**elbst **S**chuld **K**ein **M**itleid. Ich hätte es besser wissen können und habe mich dagegen entschieden. An dieser Stelle die Bitte, es mir nicht nachzumachen. Das ist es nicht wert. Ich musste mir Geld von Freunden ausborgen, zweite Jobs annehmen und habe Jahre gebraucht, um alles abzubezahlen. Die Definition eines emotionalen Horrortrips, wenn ihr mich fragt. Aber ich war jung und dumm. Wobei das eine nicht zwingend etwas mit dem anderen zu tun hatte.

Zu behaupten, dass ich den schlechten Umgang mit Geld von meiner Mutter und meinem Vater gelernt habe, wäre ein leichter Ausweg. Wem mache ich da was vor? Während meine Eltern als Migranten in den späten 70ern nach Österreich gekommen sind, ohne die Sprache zu beherrschen, bei Null angefangen und vier Kinder großgezogen haben, hatte ich es beim besten Willen nicht so schwer und war einfach zu bequem, um zu sparen. Ist so. Ich kann's rückblickend nicht mehr ändern, also muss ich dazu stehen.

Dass Geld natürlich nicht alle Probleme löst, ist klar, aber wenn man mal keines hat, realisiert man erst, wie viel man mit dem nötigen Kleingeld lösen kann. Es beginnt bei gesunder Ernährung, Bildung und so vielen anderen Privilegien, die einem das Leben beträchtlich einfacher machen. Natürlich kann man mit Kohle keine Krankheiten heilen, aber man kann immerhin zu den besten Mediziner*innen gehen. Wenn man arm ist, ist das leider nicht ganz so selbstverständlich.

Money makes the world go round, und jeder, der das Gegenteil behauptet, lebt in einer Scheinwelt oder ist reich. Deswegen hasse ich nichts mehr, als Menschen sagen zu hören, dass Geld nicht alles ist. Das versteht sich ja von selbst. Fakt ist: Geld ist vieles. Allem voran ein Türöffner, und bis zu einem gewissen Grad auch ein sehr angenehmer Polster, auf dem man gegebenenfalls landen kann.

Ich selbst habe zwar von zu Hause nie den richtigen Umgang mit Kohle beigebracht bekommen, aber was ich sehr wohl mitbekommen habe ist die Kraft der Unabhängigkeit. Der emotionalen und der finanziellen. Hier geht's aber erstmal um die finanzielle: Meinen Eltern dabei zuzuschauen, wie sie von Gehalt zu Gehalt gelebt haben und es oftmals trotzdem nicht gereicht hat, und zu sehen, was es mit ihrer Ehe und uns Kindern gemacht hat, hat mich sehr geprägt. Mittlerweile habe ich verstanden, dass ich über meine Verhältnisse gelebt habe, weil ich mich nicht mehr arm fühlen wollte. Ich wollte dieses Gefühl, irgendetwas nicht haben zu können, abschütteln, indem ich mir etwas gegönnt habe, das ich mir eigentlich nicht leisten konnte. Bullshit in seiner reinsten Form. Mit jedem Euro, den ich zurückgezahlt habe, habe ich realisiert, wie absurd dieses Hamsterrad eigentlich ist. Über Jahre habe ich mein Geld für Materielles ausgegeben, um dann zu arbeiten und das Minus auf meinem Konto im Überziehungsrahmen zu halten, damit ich dann wieder alles für Materielles ausgeben kann. Ich habe mir selbst versprochen, nie wieder in diese Position zu kommen und dass ich auch nie wieder finanziell abhängig sein möchte. Die psychische Belastung war enorm und obwohl ich keinen Moment meines verschuldeten Lebens missen möchte, weil ich so viel gelernt habe, war es das nicht unbedingt wert.

Ein sehr privilegierter Wunsch, aber in dieser Position bin ich mittlerweile auch. Auch das brauchen wir gar nicht erst schönzureden. Ich war 37 Jahre alt, als ich dann endlich schuldenfrei war und mir etwas auf die Seite legen konnte. Das wäre aber niemals möglich gewesen, wenn ich mir meine Lebenskosten nicht mit meinem Mann teilen würde. Wir haben auch keine Kinder und keinen Kredit, den wir abbezahlen müssen. Wir können also sparen. Keine Selbstverständlichkeit. Schon gar nicht nach einer Pandemie.

Deswegen kann es passieren, dass ein paar der Dinge, die ihr gleich lesen werdet, irritierend auf euch wirken, weil sie von mir kommen oder eure finanzielle Lebensrealität aus welchem Grund auch immer gerade nicht rosig ist. Aber ich kann euch garantieren, dass ich nicht vergessen habe, wie es war, kein Geld zu haben. Es fällt mir also nicht schwer, die folgenden Zeilen aus einer weniger privilegierten Perspektive zu schreiben.

Wusstet ihr, dass grob gesagt Frauen die Hälfte der Weltbevölkerung ausmachen, aber nur ein Zehntel des globalen Einkommens bekommen und etwa zwei Drittel der Arbeit verrichten?

In Österreich ist es zum Beispiel so, dass Frauen trotzdem dreimal mehr von Altersarmut betroffen sind als Männer. Drei Mal mehr!!!

Ich möchte also jedes Mal laut aufschreien, wenn ich eine Frau sagen höre, dass sie nie wieder arbeiten geht, weil sie zu Hause bei den Kindern bleibt und den Haushalt schupft, während der Partner das Geld nach Hause bringt. Nicht, weil ich das Dasein als Hausfrau verurteile, sondern weil das in den meisten Fällen mit finanzieller Abhängigkeit einhergeht. Der Beruf der Hausfrau oder des Hausmannes und des hauptsächlich erziehenden Elternteils ist ein knochenharter Vollzeitjob, der aber nicht bezahlt ist und dementsprechend wenig für die Pension abwirft. Wenn ihr also Hausfrau oder -mann werden wollt, solltet ihr unbedingt einen Weg finden, euch besser abzusichern. Ganz besonders, wenn ihr keinen wohlhabenden Background habt, der euch im Fall der Fälle rausreißen kann.

Ab einem bestimmten Zeitpunkt habt ihr nämlich einfach kein Einkommen und seid voll und ganz finanziell von eurem Partner oder eurer Partnerin abhängig. *Puh! Mein Augenlid zuckt bei dem Gedanken plötzlich ganz stark …*

Wenn euch der Gedanke daran nicht irritiert, irgendwann kein eigenes Geld zu haben, dann erkundigt euch zumindest, wie ihr euch für die Zukunft absichern könnt. In Österreich gibt es zum Beispiel die Möglichkeit des *Pensionssplitting*. Dabei bezahlt das Elternteil, das erwerbstätig ist, bis zu sieben Jahre Teilbeiträge auf das Pensionskonto des erziehenden Elternteils ein. Das passiert natürlich auf freiwilliger Basis. Wobei mir jetzt spontan kein legitimer Grund dafür einfällt, das nicht zu tun. Sharing is ja bekanntlich caring.

Was Geld angeht, bleiben wir Frauen also einfach die meiste Zeit auf der Strecke, und das schon lang vor der Pension. In Österreich lag 2019 der Lohnunterschied zwischen Männern und Frauen bei 19,9 Prozent. Das heißt, Männer haben gut ein Fünftel mehr verdient als Frauen. Das ist viel zu viel, wenn man bedenkt, dass Frauen meistens ohnehin schon die schlechter bezahlten Jobs machen. Wenn man der Statistik glauben möchte, dann haben etwa sechs Prozent davon etwas mit der Branche, der Berufswahl, der Art des Arbeitsvertrages, dem Alter, der Ausbildung, dem Unternehmen und der Region zu tun. Okay, von mir aus. Da bleibt aber immer noch ein Pay Gap von knapp 13 Prozent. Eine beträchtliche Summe an Geld, die man weniger bekommt, obwohl man derselben Spezies angehört. Der Spezies Mensch.

Es ist gerade in Zeiten wie diesen leichter gesagt als getan, aber wenn es euch irgendwie möglich ist, legt euch Geld auf die Seite.

Und wenn euer Partner oder eure Partnerin ein Problem damit hat, macht es erst recht, und hinterfragt dabei, wieso die Person euch keine finanzielle Freiheit gönnt. So unromantisch es klingt, aber ihr wisst nicht, was die Zukunft bringt und wo ihr und eure Beziehung in ein paar Jahren stehen. Wenn es also einen Ehevertrag, getrennte Konten, Pensionssplitting oder ein Testament braucht, dann braucht es eben einen Ehevertrag, getrennte Konten, Pensionssplitting oder ein Testament. Das hier ist kein romantischer Hollywood-Film mit Julia Roberts und Hugh Grant in den Hauptrollen, das hier ist das echte Leben und das hat nicht immer ein Happy End.

> **Abhängig sein ist scheiße. Egal von wem oder was, emotional, körperlich oder finanziell. Es raubt euch ein Stück eurer Freiheit, und das ist genau die Negativität, die ihr in eurem Leben nicht braucht. Jede einzelne Person hat es verdient, für den Job, den sie macht, fair vergütet zu werden.**

Ich schreibe es hier also nochmal, mit etwas mehr Nachdruck und in Anlehnung an die weisen Worte von Rihanna: B*tch, better get your money!

FOREVER YOUNG ... NOT!

Während ich dieses Kapitel schreibe, bin ich gerade 38 Jahre alt, und wenn man sich an den (toxischen) gesellschaftlichen Standards orientiert, könnte man meinen, dass man es mir nicht ansieht. Für viele Frauen wäre das ein Kompliment, mir ist es egal.

Es gibt nämlich nur zwei Dinge, die mich am Altern nerven: die Tatsache, dass ich meinem Todestag näherkomme und dass meine Verdauung einfach nicht mehr dieselbe ist. Alles andere stresst mich bedingt bis gar nicht. Was aber nicht bedeutet, dass ich nicht nachvollziehen kann, dass es anderen Menschen – ganz besonders Frauen – nicht so geht.

Wie soll man denn auch nicht im mentalen Dauerstress sein, wenn einem quasi noch vor der Pubertät eingeimpft wird, dass es einen relativ fixen Zeitplan für das Leben gibt und dass es komisch wäre, diesen nicht einzuhalten? Es beginnt bei Skincare und hört bei der Familienplanung auf.

Nachdem ich das Gymnasium abgeschlossen hatte, dachte ich auch, dass ich mit 24 Jahren fertig studiert haben und wie Ally McBeal in einer Anwaltskanzlei mit Unisex-Toilette arbeiten würde. *Haha.* In meiner Fantasie hatte ich da natürlich auch schon einen Freund, den ich mit 25 geheiratet und zuerst mit 27 und dann mit 29 nochmal zum Vater gemacht habe. *Nochmal haha.*

In der Realität habe ich mein Studium nie abgeschlossen, den Mann, mit dem ich mit 24 zusammen war, nicht geheiratet, bin offensichtlich nicht Anwältin geworden, habe auch keine zwei Kinder bekommen und bin trotzdem eine sehr glückliche und erfüllte Frau. Nicht dass all jene, die sich an den Zeitplan gehalten haben, nicht auch happy sind. Das würde ich nie behaupten. Aber ich glaube, dass es wichtig ist, die Dinge dann zu machen, wenn man sie auch wirklich machen möchte – sofern es sich planen lässt natürlich.

Glaubt mir, als jemand, der mit 36 geheiratet und mit kurz vor 40 keine Kinder hat, weiß ich ganz genau, wie viel Widerstand man leisten muss, um sein Leben so zu leben, wie man möchte, und nicht den gesellschaftlichen Zeitplan einzuhalten. Ich hatte keine andere Wahl, denn sich diesem vor Altersdiskriminierung triefenden Konzept zu beugen war für mich einfach keine Option. Ihr wisst ja, ich lass mir nur ungern was sagen – besonders nicht von einem System, das es ohnehin nicht gut mit mir meint.

Das liest sich jetzt schon wieder so cheesy, aber ich habe nie behauptet, dass es leicht ist. Wichtig schon, leicht nicht. Ich hab zum Beispiel mit 34 beschlossen, mich als Influencerin selbstständig zu machen. Und bis heute weiß ich nicht, was die Menschen mehr irritiert hat: dass ich in dem Alter nicht das Bedürfnis nach einem sicheren Angestelltenverhältnis hatte oder dass man als Influencerin Geld verdienen kann. Es war nicht leicht, die Zweifel auszublenden, die

Freundinnen und meine Mutter zu ignorieren, die mich gefragt haben, wann ich denn Kinder bekommen möchte, statt Videos und Fotos ins Internet zu stellen, und ob ich mich nicht zu alt für Social Media geschweige denn einen Karrierewechsel fühle. Irgendwann habe ich mir einfach keine Mühe mehr gemacht, jemanden davon zu überzeugen, dass ich das sehr wohl bringen kann, sondern es einfach getan – mit Herzrasen und voller Hose wohlgemerkt. Mein Umfeld hat sich gesorgt, sie haben all diese Sachen aus Liebe und mit Wohlwollen zu mir gesagt, aber das ändert nichts daran, dass sie auch mit mangelndem Weitblick agiert haben. In ihren Köpfen war ich zu alt für diesen Lebensstil und das Risiko war zu groß. Aus meiner Perspektive war ich zu gut, um länger für Medien zu schreiben, die von ignoranten, weißen Cis-Männern geführt werden, und noch nicht willig, Kinder zu bekommen.

Ageism ist ein Anglizismus für Altersdiskriminierung. Es ist eine Bezeichnung für die Diskriminierung von Menschen oder Gruppierungen aufgrund ihres Alters. So werden zum Beispiel Personen ab 50 wesentlich seltener bei der Jobvergabe berücksichtigt, weil sie laut Gesellschaft schon zu alt sind.

It's a thing und es beeinflusst früher oder später jede*n von uns. Mittlerweile schließen wir auch schon auf einer rein zwischenmenschlichen Ebene aus, dass man ab einem gewissen Alter Dinge tun, sagen, tragen oder erlernen kann. So fühlen sich oftmals 30-Jährige alt und wie Versager*innen, wenn sie in keiner fixen Beziehung mit Heiratsoption sind und keine Karrieremeilensteine vorweisen können.

Nur zur allgemeinen Info: Mit 30 habe ich einen Job gemacht, der mir weder Spaß gemacht noch sonderlich viel Geld eingebracht hat. Ich war jedes Wochenende gleich mehrmals in den Clubs von Wien zu finden und definitiv in jemanden verliebt, der rückblickend meine Liebe Gott sei Dank nicht erwidert hat. Und keine einzige Sekunde davon habe ich mir gedacht, dass ich zu alt für irgendwas bin.

Was aber nicht bedeutet, dass ich mich nicht mit dem Altern auseinandergesetzt habe oder es immer noch tue. Ich habe keine Kinder, möchte aber noch welche. Bis vor einem Jahr war ich so sehr damit beschäftigt, mich selbst glücklich zu machen und Meilensteine zu erreichen, dass ich schlicht und einfach keine Lust hatte, schwanger zu werden und Mutter zu sein. Und obwohl sich das Thema Kinderwunsch gerade als sehr kompliziert erweist, bereue ich nichts.

An dieser Stelle muss ich auch noch erwähnen, dass ich viele Menschen um mich herum habe, die mir quasi vorleben, dass man mit Kind(ern) immer noch alles machen kann. Aber Fakt ist nun mal, dass alles auch ein bisschen anstrengender und komplizierter ist. Ihr wisst das, ich weiß das, wir alle wissen das. Machen wir uns nichts vor. Mir war das Risiko aber trotzdem nicht zu groß. Ich musste auf mich selbst schauen, bevor ich das Gefühl hatte, auf jemand anderen schauen zu können.

Im Jahre 2020 liegt laut Statistik in Europa die durchschnittliche Lebenserwartung einer Frau bei 83,9 und bei Männern 78,3. Wenn ihr mich fragt, ist das genug Zeit, um möglichst viel auszuprobieren und ein Leben zu leben, das einen erfüllt und das den gesellschaftlichen Erwartungen nicht entsprechen muss.

Mir ist natürlich bewusst, dass wir nicht alle auf demselben Level mutig sind, jede*r ein anderes Bedürfnis der Sicherheit hat oder viele einfach nicht die finanziellen Mittel haben, um auszubrechen. Mein Ziel ist es, euch daran zu erinnern, dass unser Alter in den meisten Belangen viel weniger eine Rolle spielt, als wir glauben, und dass Drake schon recht hatte mit „YOLO". **Y**ou **O**nly **L**ive **O**nce ... you really do!

BABY, BABY, BABY!

Ich möchte euch nichts vormachen, es hat lange gedauert, bis ich dieses Kapitel geschrieben habe. Bis zum bitteren Ende war ich mir nicht sicher, ob ich meine persönliche Kinderwunsch-Odyssee hier verewigen möchte. Nicht, weil ich mich schäme, und auch nicht, weil ich Angst davor habe, mich zu öffnen und verwundbar zu machen, sondern weil ich ehrlich gesagt wenig Lust auf das habe, was folgen wird: unsensible Fragen, Erfahrungen anderer, von denen ich nichts wissen möchte, Ratschläge, Tipps, Tricks, Pauschalisierungen und so weiter und so fort. Außerdem weiß meine Mutter noch nichts von alldem und mit dem Veröffentlichen dieses Buches muss ich es ihr wohl sagen. Das mache ich ehrlich gesagt ungern, weil ich nicht möchte, dass sie sich Sorgen macht. Aber irgendwie wäre das ganze Buch nicht ehrlich, wenn ich diesen Teil meines Lebens nicht auch beleuchten würde. So here we go:

Tagebücher waren nie mein Ding, aber nach meiner ersten Diagnose hatte ich das Bedürfnis, meine Gedanken aufzuschreiben und habe das in meinen Handynotizen gemacht. Ab und zu habe ich die Worte getippt und manchmal habe ich sie mir einfach via Diktierfunktion von der Seele gesprochen. Anstatt einen komplett neuen Text zu schreiben, habe ich beschlossen, ein paar dieser Gedanken hier zu teilen. Leicht abgewandelt und ohne Namen und Orte zu nennen, aber der Kern ist ziemlich genau das, was in meinen Handynotizen steht. Das fühlt sich irgendwie richtig an.

Bevor ich euch jetzt also Eintritt in meinen Uterus gewähre, habe ich eine Bitte: Seid bitte nicht unsensibel. Überlegt, bevor ihr fragt, mir eure (Horror-)Geschichten erzählt, ungebetene Ratschläge gebt oder euch überhaupt zu dem Thema äußert. Das gilt nicht nur für mich, sondern für jede andere Frau da draußen, die eine IVF-Behandlung macht. The struggle is real und Hormone können sich anfühlen wie eine Ausgeburt aus der Hölle.

30. SEPTEMBER 2020

Meine neue Gynäkologin hat gerade diagnostiziert, dass mein rechter Eileiter verstopft ist und dass sie ihn entfernen muss. Ich hab tatsächlich keine Ahnung, warum ich das hier aufschreibe, aber ich muss mich erstmal sammeln und das kann ich gefühlstechnisch so am besten. Außerdem habe ich das Gefühl, dass ich das dokumentieren sollte, weil das sicher die ur flashige Odyssee sein wird. Dr. B. hat gemeint, dass es blöd ist, weil es eben eine vollwertige OP ist, aber dass wir keine Zeit verlieren sollten, weil der Eileiter so aufgedunsen und scheinbar voller Entzündungsflüssigkeit ist, dass er meine Eierstöcke vergiftet. So wie's ausschaut, hatte ich mal eine Eileiterentzündung, die ich einfach nicht bemerkt und verschleppt habe, und deswegen habe ich das jetzt. Warum das die Ärzte vor ihr nicht gesehen haben, weiß sie nicht. Und was mit dem linken Eileiter ist, weiß sie auch erst, wenn sie den Durchlässigkeitstest gemacht hat – während der Operation. Sie hat mir alles ganz genau erklärt, mir all diese Infos mitgegeben und ich bin mehr als verwirrt im Moment. Ich musste auch nochmal googeln, was Eileiter machen. Sie sind die Straßen zu den Eierstöcken ... wenn man es ganz deppensicher erklären möchte. Ich glaub, ich habe sie im Schock auch gefragt, was das Worst-Case-Szenario ist, und sie meinte nur, dass man beide Eileiter rausnehmen muss und ich nur durch künstliche Befruchtung schwanger werden kann. Das find ich ehrlich gesagt nicht sooo schlimm. Ich habe schon immer gesagt, dass ich das gar nicht so blöd finden würde, weil ich den Gedanken vom „Basteln" und Sex on a schedule extrem abturnend finde … Wunschdenken halt.

Als ich's der Rita gerade am Telefon erzählt habe, wollte sie weinen. Ich hab's genau in ihrer Stimme gehört, aber sie hat sich für mich zusammengerissen. Gott sei Dank. Jetzt muss ich es nur noch dem Markus erzählen. Der wird die Krise kriegen, wenn er hört, dass ich operiert werden muss. Da muss ich jetzt wohl durch …

04. OKTOBER 2020

Ich hab's ein paar meiner Freundinnen und Freunde erzählt und ich glaube, das hat mich mehr Energie gekostet, als ich dachte. Schon flashig, wie unterschiedlich Menschen mit so einer Info umgehen. Ich bin ja nicht sterbenskrank, aber manche von ihnen tun so. Ich weiß eh, dass sie es lieb meinen, aber puh … es nervt ein bisschen. Vor allem die scheiß Tipps, nach denen ich fix nicht gefragt habe, und die Horrorgeschichten sind hart.

Den Markus hat es sehr getroffen, er hat versucht, es zu verbergen, aber es bringt nichts. Ich kenn ihn zu gut. Der Arme, er macht sich sicher Sorgen. Ich irgendwie nicht mehr. Es wird schon gut gehen. So wie immer alles früher oder später gut geht.

Seitdem ich weiß, dass ich seit Ewigkeiten einen riesigen Entzündungsherd in mir trage, bin ich fast froh, wenn sie mir den rausoperieren.

Der Mama erzähl ich, dass ich eine Zyste entfernen lasse, die macht sich sonst wieder so Sorgen und bombardiert mich mit Gebeten. Und den Jungs (*meinen Brüdern Phillip und*

Samuel) erzähl ich kurz vor dem Eingriff die Wahrheit. Da hab ich auch nicht viel Bock drauf, weil ich ihnen alles erklären muss, aber was sein muss, muss sein!

06. OKTOBER 2020

Oida, ich habe nicht das Gefühl, dass ich eine zweite Meinung brauche, aber um mich herum schreien alle auf, wenn ich sie mir nicht einhole. Also habe ich mir jetzt beim Gynäkologen von W. einen Termin geben lassen. Für in einer Woche. Das mit den Privatversicherungen is no joke. Niemand kann mir erzählen, dass wir nicht in einer Zweiklassengesellschaft leben. Ich bin erst seit ein paar Monaten zusatzversichert und es hat mein Leben komplett verändert. Schauen wir mal, was der Arzt sagt!

14. OKTOBER 2020

Ich war gerade bei Dr. S. und habe mir eine zweite Meinung eingeholt. Ohne dass ich ihm groß gesagt habe, was meine Gynäkologin diagnostiziert hat, hat er mir auch zu dem Eingriff geraten. Er hat mir aufgezeichnet, wie mein Eileiter ungefähr aussieht, und mir gesagt, dass er sich wundert, dass ich keine Schmerzen hatte. Wenn ich schwanger werden möchte, müsse der auf jeden Fall raus. Beim zweiten sieht man nichts, aber das heißt nichts, hat er gesagt. Eh so wie Dr. B. schon. Was mich sehr beruhigt hat, ist, dass Dr. S. nur nette Sachen über Dr. B. gesagt hat und meinte, ich sei super bei ihr aufgehoben. Das bestätigt mir nur die Sache mit dem Bauchgefühl. Aber ich bin trotzdem froh, dass ich mir eine zweite Meinung eingeholt habe. Ich habe Dr. S. versprochen, dass ich mich melde, wenn alles vorbei ist und ich schwanger bin. Das ist hoffentlich bald einmal.

10. NOVEMBER 2020

11:32 Uhr

Der Markus war so angespannt, dass ich alleine ins Krankenhaus gefahren bin. Wenn ich mir noch einen seiner grottigen
Dad-Jokes geben hätte müssen, wäre ich komplett durchge-
dreht. Ich bin ja selbst eh auch schon ein bisschen aufgeregt.
Er muss immer Witze machen, wenn die Stimmung angespannt ist, weil er das Gefühl hat, er müsse die Menschen
um ihn herum glücklich machen. Das ist so sein Ding, eh lieb,
aber heute unerträglich. Also habe ich ihn gebeten, es nicht
persönlich zu nehmen und ihm gesagt, dass ich alleine fahren muss. Er war traurig, aber da musste er jetzt durch. Ich
habe mich lang und ausgiebig von ihm verabschieden und
werd ihn dann nochmal aus dem Krankenhaus facetimen.
Der hat sich seinen Geburtstagsmonat sicher anders vorgestellt ... bless him. Er ist so lieb.

12:56 Uhr

Holy Shit! Wenn ich es nicht besser wüsste, würde ich glauben, dass das hier ein Hotel ist und kein Krankenhaus! Alle
sind so nett und ich habe ein Doppelzimmer, aber die andere
Patientin ist schon im OP. Die Glückliche, die hat es dann
zumindest schon hinter sich. Hoffentlich stört sie mein
Schnarchen nicht.

Ich bin so aufgeregt, dass ich mich auf nichts wirklich
konzentrieren kann, also schreib ich das hier jetzt einfach
mal. Unter normalen Umständen würde ich eine Room-
tour machen, aber ich bin ja im Krankenhaus und meinen
Follower*innen habe ich nur erzählt, dass ich eine Woche
lang Auszeit nehmen werde. Darauf freu ich mir mich ein
bisschen. Das Internet strengt mich gerade eh an. Noch drei
Stunden, bis ich drankomme ... Gott sei Dank muss ich noch
ein paar Untersuchungen machen, mir ein Menü aussuchen

und mit der Anästhesistin reden. Da wird die Zeit hoffentlich halbwegs schnell vergehen …

Ich frag mich, was die andere Patientin hat.

11. NOVEMBER 2020

07:04 Uhr

Okay, ich bin noch am Leben. Und ich war gestern scheinbar auch fit genug, allen zu schreiben, dass es mir okay geht. Ich kann mich zwar nicht mehr daran erinnern, aber der Whats-App-Verlauf ist Beweismaterial. Ich habe echt ein Glück mit meiner Familie und meinen Freunden, sie haben alle so lieb gefragt und mir motivierende Messages geschickt. Echt nicht selbstverständlich – vor allem nach acht Monaten Pandemie.

Die Schmerzen halten sich in Grenzen – wegen der Schmerzmittel, glaub ich. Ich glaube, die Narben tun mir weh und ich habe einen Katheter bekommen. Fuck my life! Das pack ich gar nicht. Der muss raus. Alleine aufs Klo gehen muss einfach drin sein. Ich hab die Schwester schon gerufen und sie war ein bisschen überrascht, dass ich so fit bin. Wir haben zwei sehr unterschiedliche Definitionen von *fit*, würde ich behaupten, aber okay … Ich kann zwar nicht so schnell tippen wie sonst, aber dafür, dass ich unter Vollnarkose gestanden bin und mir etwas aus meinem Körper entfernt wurde, bin ich eigentlich nur etwas groggy. Weird, but it is what it is. Die nette, aber strenge Schwester mit dem Longbob und den Kniestrümpfen hat gemeint, ich soll mich entspannen, die Schmerzmittel genießen, noch ein bisschen schlafen und was trinken. Der Hotelservice (so nennt sich das Personal, das für das Essen zuständig ist) bringt mir mein Frühstück, die Frau Doktor kommt am Vormittag und sagt, wie's gelaufen ist, und die andere Patientin kommt jetzt auch endlich aufs Zimmer. Ihre OP hat ein bisschen länger gedauert und sie musste die Nacht im Aufwachraum verbringen. Die

Krankenschwester kommt gleich wieder, um mir den Katheter rauszuziehen!

Ich sag's, wie's ist, ich fühle mich wie im falschen Film und ich bin froh, dass ich das alles hier aufschreibe, weil ich es mir sonst selbst nicht glauben würde.

09:12 Uhr
Ich komme mir so blöd vor. Die andere Patientin ist vor 15 Minuten aufs Zimmer gekommen und ihr geht's echt dreckig. Sie hatte ganz starke Endometriose bis in den Darm. Ich glaube, sie hat richtig schlimme Schmerzen. Und ich tu hier so deppat wegen dem Katheter herum. Das war schon ein ungutes Gefühl, sich den rausziehen zu lassen. Wie wenn man einen überdimensionalen, vollgesogenen Tampon rauszieht. Noch so eine Erfahrung, die ich nimmer brauche. Ich hoffe, die Schmerzmittel der anderen Patientin – wieso kann ich mir keine Namen merken? – wirken bald. Sie tut mir echt leid. Ich hoffe auch, dass die Ärztin bald kommt. Ich würde gern wissen, was mit dem Eileiter ist und ob es einen Grund hat, dass ich mich so gut fühle …

12. NOVEMBER 2020

Es ist mitten in der Nacht und ich kann einfach nicht schlafen. Mein Hirn läuft auch Hochtouren, weil ich nicht ganz verstehen kann, wie es so weit kommen konnte. Der rechte Eileiter ist entfernt worden, der linke nicht. Sie haben zwar einen Durchlässigkeitstest gemacht und festgestellt, dass da nichts durchkommt, aber sie wollten ihn nicht entfernen, weil sie mir nichts unnötig rausschneiden wollten. Babys gibt's also nur mit der Hilfe der Wissenschaft.

Und obwohl ich darauf eingestellt war und ich nichts daran weird finde, trifft es mich schon hart. Den Markus auch, aber er versucht, es sich nicht anmerken zu lassen. Funktioniert nur mäßig. Ich würde gerne weinen, aber es funktioniert nicht. Nicht mal, wenn ich die gefühlt zwölfte Schwangerschaftsankündigung auf Instagram ausgespielt bekomme.

Das mit dem Nicht-weinen-Können, habe ich damals schon gehabt, als der Papa gestorben ist. Ich hab keine Ahnung, was mit mir los ist. Bei jeder Bankwerbung muss ich weinen, aber wenn es um was Ernstes geht, kommt nichts.

Das schreit nach Therapie … Manchmal frag ich mich, ob ich wirklich ein Baby will oder ob ich das nur mache, weil es sich alle von mir erwarten. Und weil der Markus das Projekt schon fünf Minuten, nachdem wir „fz", also fix zusammen, waren, angehen wollte … Wenn ich wieder ausgeheilt bin, muss ich echt in mich gehen. Ich habe noch nie etwas bereut, und beim Baby möchte ich nicht anfangen.

19. NOVEMBER 2020

Dr. B. sagt, alles schaut den Umständen entsprechend toll aus. Die Narben könnten besser verheilen, aber what else is new with Black people? Sie hat mich an eine Kinderwunschklinik in der Innenstadt verwiesen. Ich war zuerst ein bisschen überfordert, weil ich ja damals eigentlich nur zur halbjährlichen Untersuchung gekommen bin und jetzt schon eine Zuweisung für IVF bekomme. Das ist alles so steil – und die Flyer der Klinik, die ausschauen wie Flugtickets, so komisch, aber okay. Sie hat mir wohl angesehen, dass ich ein bisschen überfordert bin und hat gemeint, dass es ohnehin zwei, drei Monate dauert, bis man dort einen Termin bekommt. Ich kann also noch verschnaufen und mir alles durch den Kopf gehen lassen. Gott. Sei. Dank!

Immerhin fühl ich mich wie neugeboren. Die drei kleinen Narben, die zu den anderen auf meinem Bauch und meinem Unterleib dazugekommen sind, spüre ich noch. Aber ich habe zumindest wieder Energie. Nach gefühlt Jahren wieder.

Ich will nicht wissen, wie lang ich diesen kaputten Eileiter mit mir herumgetragen habe und wieso die beiden Frauenärzte den nicht gesehen haben …

20. NOVEMBER 2020

Ich habe bei der Kinderwunschklinik angerufen und die Frau am Telefon meinte, ich habe Glück, ein Termin für den 14. Dezember ist gerade frei geworden, wir können den haben. You can't make this shit up! Immerhin noch vor meinem Geburtstag – auf den ich heuer wenig bis gar keinen Bock habe!

14. DEZEMBER 2020

Das Universum is no joke. Ich bin so dankbar, dass mich meine Freundin N., die selbst mit In-vitro nach ewig langem Probieren erst schwanger geworden ist, ein bisschen gebrieft hat. Das sind so viele Infos, die man da auf einmal bekommt. Und dieser Arzt … ich kann nicht einschätzen, ob ich ihn lustig oder schrecklich finde. Ich tendiere zu lustig. Der Markus nicht so. Den hat's wahnsinnig gemacht, dass er so oft erwähnt hat, wie wenig Zeit wir noch haben, wo ich doch 37 bin, und dass wir schauen müssen, wie fruchtbar ich noch bin und so weiter und so fort. Irgendwie stressig, aber irgendwie hat er's schon wieder so locker rübergebracht, dass ich fast entertained war. Schau ma mal, wie das wird. Das muss ich jetzt erstmal alles verdauen, mit dem Markus besprechen, das ganze Infomaterial lesen, nochmal besprechen und schauen, dass der IVF-Fonds den Großteil der Behandlung zahlt. Das sollte in unserem Fall kein Problem sein, weil ich unter 40 bin und begründet auf natürliche Weise nicht schwanger werden kann. Immerhin.

Gott sei Dank sind jetzt Weihnachtsferien. Ich hab zwar noch 1.000 Sachen zu tun und meinen Geburtstag zu feiern,

aber ich bin froh, dass wir das erst so richtig im Jänner angehen. Ich brauch eine Pause.

20. JÄNNER 2021

Ich habe mich heute irgendwie auf den Termin gefreut.
Alle meine Befunde schauen gut aus und heute mach ich
einen Ultraschall, bekomme Medikamente, die quasi meine
Gebärmutter auf die Einnistung vorbereiten sollen. Im Februar geht's dann mit den Spritzen los. Auf die bin ich wirklich
gar nicht scharf, aber okay … ich will ein Baby, also Spritzen it
is. Aber eines nach dem anderen.

Was mich auch sehr beschäftigt, ist zu sehen, wie unterschiedlich die Paare in der Kinderwunschklinik sind. Die Patientinnen und Patienten, die dort behandelt werden, sind wesentlich repräsentativer für unsere vielseitige Bevölkerung
als jedes österreichische Medium.

Irgendwie ist das eine andere Welt in dieser Kinderwunschklinik. Ich habe die Stimmung bisher nicht so wahrgenommen,
aber sie ist irgendwie gut. So ganz kann ich es nicht einschätzen, aber ich vermute, weil wir ja eh alle aus demselben Grund
da sind. Wir wollen Eltern werden.

29. JÄNNER 2021

Ich habe heute die Spritzen bekommen, die mir dabei helfen sollen, möglichst viele Follikel zu bilden. Es waren noch
andere Medikamente dabei, aber die Spritzen sind meine
größte Sorge. Wie in aller Herrgottsnamen soll ich das
machen? Die Schwester hat es mir eh gezeigt und es gibt
auch ein YouTube-Video. Aber ich kann mir nicht vorstellen,
mir selbst Spritzen in den Bauch oder in den Oberschenkel
zu geben. Das wird steil.

Der Arzt hat uns auch vor den Nebenwirkungen gewarnt.
Seine Exfrau hat gemeint, das ist wie PMS mal 100, und dass

der Markus echt geduldig und ruhig bleiben muss jetzt die kommenden 14 Tage, weil es sein kann, dass ich launisch bin. Ich glaub, er übertreibt, damit wir aufs Schlimmste vorbereitet sind. Let's see. Ich fürchte mich zwar vor den Spritzen, aber ich freu mich, dass was weitergeht.

Und ich glaub, ich werde meine Freunde und Freundinnen einweihen, damit sie sich auskennen …. just in case!

Das Gute am Lockdown ist, dass ich das alles in Ruhe machen kann, kaum Termine oder Events habe und so besser klarkomme.

03. FEBRUAR 2021

Ich habe mir heute die erste Spritze gegeben und es hat mich zwar Überwindung gekostet, aber es tut nicht weh. Es ist nebenbei der *Bachelor* gelaufen. Das war eine gute Ablenkung.

06. FEBRUAR 2021

Update: Mir geht's eigentlich ganz okay. Ich bin ein bisschen angeschwollen und genervt, aber es hält sich alles in Grenzen. Ich versuch mich mit Arbeit abzulenken.

08. FEBRUAR 2021

At this point möchte ich wirklich jeden umbringen, bis auf wenige Ausnahmen. Den Markus hab ich gestern Arschloch geschimpft, weil er sich darüber geärgert hat, dass ich was ausgeschüttet habe. Er hat auf der Couch geschlafen … mir war's wurscht. Ich war extrem angefressen. Ich hab ja nicht mit Absicht den Sessel und den Teppich angepatzt. Da braucht man mir nicht gleich so deppert kommen.

Heute tut's mir ein bisschen leid. Vielleicht habe ich überreagiert, aber er weiß ganz genau, worum's geht. Er könnt sich einfach zusammenreißen. Ich werde mich aber entschuldigen. Nur fürs Arschloch, alles andere nehm ich nicht zurück.

10. FEBRUAR 2021

Ich war heute wieder bei einem Ultraschalltermin in der Kinderwunschklinik. Der Arzt hat mich gefragt, wie's mir geht, und ich hab mit einem patzigen „Na was glauben's, wie's mir geht" geantwortet. Ich glaub, er hat sich kurz erschreckt und sich dann erinnert, dass es die Hormone sind. Er hat mir noch mehr Spritzen mitgegeben und mir gesagt, dass all diese Nebenwirkungen normal sind. Und ich mich aufs Ziel konzentrieren soll. Das Ziel ist übrigens, ein gesundes Baby zu bekommen. Ich muss es hier nochmal schwarz auf weiß schreiben für den Fall, dass mich die Motivation verlässt.

13. FEBRUAR 2021

Am 13. Februar haben sie mir 13 Follikel entnommen. Viel kann ich nicht dazu sagen, weil ich sediert war und ehrlich gesagt nicht mehr so genau weiß, was da passiert ist. Die Schwester hatte ein sensationelles Parfum. Aber mehr weiß ich nicht. Morgen erfahren wir, wie viele befruchtet worden sind. Der Markus musste Sperma abgeben. Mehr hatte er bis jetzt nicht zu tun. Lol. Immerhin muss ich diese Spritzen nicht mehr nehmen.

14. FEBRUAR 2021

Wir haben nur vier befruchtete Eier rausbekommen. Das ist so enttäuschend. Meine Freundin N. sagt, das ist super und dass ich mich freuen soll. Ich finde, von 13 auf 4 zu schrumpfen ist kein Grund zu feiern. Aber es ist besser als nichts. I guess.

16. FEBRUAR 2021

Mir sind heute zwei Embryos eingesetzt worden. Das war skurril, aber weirdly schön. Auch wenn's drei Minuten dauert, vollkommen unromantisch und klinisch ist. Es tut nicht weh und sie geben einem so ein liebes Ultraschallbild mit, wo sie ein Herz um die Embryos zeichnen. Ich fühl mich ganz okay. Aber zu wissen, dass ich jetzt zehn Tage bis zum Schwangerschaftstest warten muss, ist eine neue Abzweigung dieses surrealen Trips.

22. FEBRUAR 2021

Mein Bauchgefühl sagt mir, dass es nicht funktioniert hat. Alle anderen um mich herum sind positiv gestimmt. Ur anstrengend, weil es sich irgendwie nach toxic positivity anfühlt. Außerdem wittern alle Schwangerschaftszustände – außer mir. Ich will nicht einmal mehr sagen, dass mir heiß ist, weil mich dann alle deppert angrinsen und so einen Scheiß wie „Na und das ist erst der Anfang! Warte, bis du richtig schwanger bist!" sagen. Halt ich gar nicht aus. Eine Woche noch und dann weiß ich mehr. Ich weiß nicht, ob ich dem Markus was von meinem Bauchgefühl erzählen soll. Der schaut seit ein paar Tagen ein bisschen traurig aus. Er spürt es wahrscheinlich eh auch.

01. MÄRZ 2021

Ich bin gerade auf dem Weg nach Hause vom Labor, wo ich für den Schwangerschaftstest Blut abgegeben habe. Ich versuche, mit allen Kräften positiv zu bleiben, aber ich schaff's nicht. Mein Unterbewusstsein lässt mich nicht, also arbeite ich und warte auf den Anruf der Kinderwunschklinik. Sie rufen bis spätestens 17 Uhr an. Fuck my life. Ich würde es mir so sehr wünschen, dass es funktioniert hat …

03. MÄRZ 2021

Ich habe jetzt zwei Tage gebraucht, um mich zu sammeln und wieder klar denken zu können. Nachdem mir die Ärztin am Telefon gesagt hat, dass es nicht funktioniert hat, hab ich's dem Markus gesagt, mich abgeschminkt und bin kurz rausgegangen, um Luft zu schnappen. Dass Wien klein ist und ich jemanden treffen könnte, habe ich nicht bedacht. Es ist aber passiert. Ich habe keine Ahnung, worüber wir geredet haben, aber ich glaube, es war schnell vorbei und ich schnell wieder daheim. Im Bett. Ich habe mich in den Schlaf geweint. Das habe ich das letzte Mal eine Woche nachdem der Papa gestorben ist gemacht. Ich glaube, ich konnte nicht mehr aufhören, und mein Körper wollte all den angestauten Stress und die Enttäuschung loswerden, also habe ich mich nicht gewehrt und meinen Tränen, meiner Wut und meiner Trauer freien Lauf gelassen. Im Grunde hatte ich keine andere Wahl, als mich dem hinzugeben. Mittlerweile sind meine Augen nicht mehr so angeschwollen und ich spüre mich auch schon wieder ein bisschen. In den nächsten Tagen müsste ich meine Regel bekommen ... dann müsst's wieder gehen.

Hoffentlich nicht morgen beim Cover-Shoot vom Buch. Das wäre ein absoluter Finishing Move vom Universum. Die Ärztin am Telefon hat mich gefragt, ob ich's gleich nochmal versuchen möchte und ich habe Ja gesagt. Keine Ahnung, was mich da geritten hat, aber ich dachte, ich habe noch drei Embryos und schlimmer kann es ja wohl nicht werden.

Heute hat es auch der Markus realisiert. Er war so traurig und ich habe zwar versucht, ihn zu trösten, aber ich glaube, dass ich das schon mal besser gemacht habe. Mir fehlt einfach die Kraft. Ich bin fix und fertig.

08. MÄRZ 2021

Ich habe mich dafür entschieden, gleich weiterzumachen und es noch einmal zu probieren. Keine Ahnung wieso, aber ich dachte: Jetzt bin ich schon dabei, warum also nicht. Aber ich hab den Markus gebeten, es mich dieses Mal größtenteils alleine machen zu lassen. Er war zuerst irritiert und ein bisschen verwirrt, aber ich habe ihm dann erklärt, dass ich es anstrengend finde, wenn er dabei ist und da noch mehr Emotionen um mich herumschwirren als meine eigenen. Er hat's hingenommen. Praise the lord! Jetzt fällt nämlich auch ein bisschen Druck von mir ab und die von der Kinderwunschklinik haben mir gesagt, dass das viele Frauen beim zweiten Mal so handhaben. Ich hab auch kaum jemandem von meinem zweiten Versuch erzählt, weil mir alle so am Oarsch gegangen sind, und ich weiß, dass sie es zwar lieb gemeint haben, das hat aber nichts daran geändert, dass es mich schon sehr belastet hat. Also wissen nur der Markus, ich, S. & I. davon. Die habe ich eingeweiht, weil ich sie in alles einweihe.

Die in der KWK haben mir auch neue Medikamente mitgegeben. Dieses Mal sind es Scheidenzäpfen. Also eigentlich sind es Tabletten, die man oral einnimmt, aber sie verschreiben sie zum Einführen, weil dann die Nebenwirkungen nicht so stark sein sollen. Zwei in der Früh und zwei am Abend über drei Wochen. Ich möchte im Strahl kotzen und habe die Schwester auch gleich gefragt, wie die Frauen damit ihr Sexleben aufrechterhalten. Sie war ein bisschen irritiert und hält mich jetzt wahrscheinlich für ein bisschen weird, weil sie das angeblich noch niemand gefragt hat. Rückblickend hätte ich mir die Frage schon selbst beantworten können, aber ich war wohl zu schockiert, um klar denken zu können …

15. MÄRZ 2021
Scheiß Scheidenzäpfchen!!!

20. MÄRZ 2021
Mich hat gerade eine Freundin gefragt, wie es mir mit den ganzen Schwangerschaftsankündigungen auf Instagram geht, und ich muss ehrlich sagen, dass es mich gar nicht stört, dass um mich herum alle Babys bekommen und ich mal wieder das Memo nicht gekriegt habe, aber dass ich diese leicht angestrengte Inszenierung dieser Ankündigungen schon ein bisschen nervig finde. Ich muss an meinen Freund M. denken, der immer wieder sagt, wie unangenehm er das fand, als Beyoncé 2011 bei den MTV-VMAs ihre Schwangerschaft verkündet hat. Ich fand's immer ein bisschen gemein und hab's nie verstanden. Jetzt langsam schon …

Wie erfrischend wäre es, einfach schwanger zu sein und vor seinen abertausenden Fans und Follower*innen einfach keinen großen Reveal zu machen. Das gefällt mir schon wieder …

Ich hab das Gefühl, dass ich neidisch sein müsste auf all diese Frauen, aber ich bin es einfach nicht. Keine Ahnung, ob das normal ist …

23. MÄRZ 2021
Heute habe ich mir wieder zwei Embryonen einsetzen lassen. Es hat sich alles schon so weirdly normal und gewohnt angefühlt in der Klinik. Sie haben mir schon wieder dieses Ultraschallbild mit dem Herzchen mitgegeben. Ich war nicht schnell genug, um ihnen zu sagen, dass das mit dem Herzerl lieb gemeint, aber irgendwie auch sehr voreilig ist, es gibt ja noch die Chance, dass es nicht funktioniert, und da weiß ich nicht, wie cool ich das Herzer dann finde. Na ja, ich fühl mich eigentlich ganz gut. Mehr kann ich aber auch noch nicht sagen.

30. MÄRZ 2021

Ich muss in zwei Tagen einen Schwangerschaftstest im Labor machen und habe schon wieder kein gutes Gefühl. Es hat nicht funktioniert, sagt mir mein Bauchgefühl. Vielleicht ist das aber auch nur ein Coping-Mechanismus. Ich würd's mir so sehr wünschen, dass es funktioniert hat und dass beide Embryonen sich eingenistet haben und gesund sind. Aber mein Gefühl sagt mir, dass es nicht funktioniert hat. Keine Ahnung, wie ich das bis Dienstag aushalten soll ...

02. APRIL 2021

Der zweite Versuch hat auch nicht funktioniert. Dieses Mal hat es mich nicht so hart getroffen. Schon ein bisschen, aber nicht ganz so schlimm. Die Ärztin war so nett am Telefon und hat versucht, mir gut zuzureden. Ich konnte ihr nicht lange folgen.

Aber wir haben zumindest einen Termin fixiert, um zu besprechen, welche Tests wir machen können und was noch möglich ist. Ich hab noch ein Ei, wenn das nicht klappt, muss ich den ganzen Shizzle nochmal von vorne machen ... inkl. Spritzen. Fuck my life.

14. APRIL 2021

Ich war bei meiner Dr. B., nachdem sich herausgestellt hat, dass ich Killerviren haben könnte und mein Immunsystem alles angreift, das ihm fremd vorkommt. Inklusive Embryonen. Der Arzt in der Klinik hat mir vorgeschlagen, eine Gebärmutterspiegelung zu machen, um herauszufinden, ob mein Gewebe okay ist. Und das macht jetzt die Dr. B.

Das ist ein vollwertiger Eingriff mit Vollnarkose und einer Nacht im Spital, weil sie nur noch einen 15-Uhr-Termin im Spital bekommen hat. Begeistert bin ich nicht, aber ändern kann ich es auch nicht. Ich hab sie auch gefragt, was das

Worst-Case-Szenario ist, und sie meinte, dass man den linken Eileiter auch entfernen müsste und ich Immunsuppressiva nehmen muss. I can deal with both. Merkwürdigerweise. Auch wenn es mich zu Tode nervt und ich dann strenggenommen sterilisiert bin. Das ist noch besser, als noch einen Entzündungsherd mit sich herumzutragen. Am 3. Mai ist der Eingriff.

23. APRIL 2021

Heute hatte ich die letzten Dreharbeiten für eine Doku zum Thema Sex und Nachhaltigkeit. Ich habe diese Frau interviewt, die Anti-Nihilistin und der Meinung ist, dass Menschen, die Kinder bekommen, dem Planeten schaden. Selten so ein komisches Gespräch geführt. Zumindest in meinem Kopf, aber ich habe mich auch ein paarmal gefragt, was sie sagen würde, wenn sie wüsste, was ich alles dafür tue, um ein Kind zu bekommen ... Das Universum und seine weirden Moves ...

04. MAI 2021

Ich habe nicht im Krankenhaus übernachtet. Mir ist es nach dem Eingriff so gut gegangen, dass ich noch am selben Abend wieder heim konnte. Die Schmerzen haben sich wie mittlere Regelschmerzen angefühlt und waren heute schon nicht mehr da. Dr. B meinte, dass ich mit Blutungen von 4 bis 10 Tagen rechnen muss, heute habe ich schon keine mehr. Manchmal glaub ich wirklich, dass ich Superkräfte habe ... Das Ergebnis kommt am Freitag. Zur Abwechslung mal wieder warten ...

12. MAI 2021

Der Arzt von der Kinderwunschklinik ist mit mir heute diesen Befund durchgegangen. Ich habe doch keine Killerviren.

Zumindest nicht in der Gebärmutter. Na immerhin. Wo die sonst sein können, denk ich nach, wenn ich diese Baby-Sache abgeschlossen habe. Jetzt geht's erstmal ums Immunsystem. Er hat mir irgendwas von Infusionen und Antibiotika erzählt und dass wir im Mai noch einen Versuch starten. Fine with me. Dieses Mal steck ich zumindest nicht bis zum Hals in Arbeit und kann chillen, wenn ich auf Hormonen bin.

Ich habe letztens irgendwo gelesen, dass der Mensch im Schnitt zwei bis vier Monate braucht, um sich an etwas zu gewöhnen. Keine Ahnung, wo ich es gelesen habe und wie viel wirklich dahintersteckt. Fakt ist, es hat mich abgeholt, und als ich jetzt wieder diese cleane, raumschiffartige Klinik betreten habe, musste ich feststellen, dass ich's schon gewohnt bin. Die netten Ladies am Empfang, die Patientinnen, die sich sichtlich unwohl fühlen, wenn jemand anderer den Warteraum betritt, die angespannten Partner*innen und die netten Ärzte und Ärztinnen, die geduldig jede Frage beantworten. Ich hab mich sogar schon an die Ultraschalls gewöhnt. Keine Ahnung, wie oft ich dort gelegen bin und mir gesagt wurde, dass alles unauffällig und fabelhaft aussieht. Oft jedenfalls. Und so aufgeregt war ich jetzt wohl auch nicht, als wir ausgemacht haben, dass wir noch einen Transfer (= die Einsetzung) eines Embryos machen.

Wenn's dieses Mal wieder nicht klappt, muss ich nochmal von vorne beginnen. Spritzen, Medikamente, Nahrungsergänzungsmittel, Arztbesuche etc.

Hoffen wir aufs Beste.

An dieser Stelle gebe ich das Manuskript für das Buch ab und kann tatsächlich nicht sagen, wie die Geschichte ausgeht. Was sich wie ein hollywoodreifer Cliffhanger liest, ist mein Leben. Ich wollte dieses Kapitel trotzdem schreiben. Für mich und all die Frauen, denen es ähnlich geht wie mir. Egal ob es kürzer oder länger gedauert, gar nicht funktioniert hat oder ihr noch gar nicht wisst, dass euch ein IVF- oder ICSI-Prozess erwartet. Mir ist wichtig, dieses Tabu zu brechen und euch wissen zu lassen, dass ihr weder weniger Frau noch kaputt oder krank seid. Ihr hattet an einer Stelle eures Lebens einfach Pech und das hat jeder Mensch einmal. Es passiert. Ich weiß, das sind nur Worte, die eure Sorgen und Ängste nicht verpuffen lassen werden, aber es ist auch die Wahrheit. Ihr habt keine Schuld an eurer Situation! Wenn euch jemand vom Gegenteil überzeugen möchte, ist das ein guter Grund, eure Verbindung mit dieser Person zu hinterfragen. Obwohl es ein riesen Privileg ist, dass man in unseren Breitengraden die Möglichkeit der künstlichen Befruchtung hat, darf es euch auch mal am Arsch gehen. Ihr seid dann nicht undankbar, sondern höchstens Menschen. Ich bin eine von euch und wir sind viel mehr, als wir wissen!

Ganz viel Liebe, C.

DANKE

Ich bin mir beim besten Willen nicht sicher, ob ich mich in letzter Zeit oft genug für die und vor allem bei den wundervollen Menschen in meinem Leben bedankt habe.

Die Menschen, die ich hier erwähne, sind nur ein paar meiner ganz persönlichen MVP. Die Most Valuable Player in meinem Leben also. Es wäre unmöglich, alle und jede(n) hier zu erwähnen, also habe ich beschlossen, mich bei denen zu bedanken, die in den letzten zwei Jahren besonders großen Einfluss auf mich und mein Leben hatten.

Lovely Mama, without you, no me! Thank you for EVERYTHING you did and sacrificed to make this life I'm living happen. The fact that you're still standing after all you've been through is the biggest inspiration a woman could ask for!

Olorun bukun fun o.

Es hilft alles nichts, Rita, Philip und Samuel, wir sind, hands down, die coolsten Geschwister unter der Sonne! Danke, dass es euch gibt und dass wir zu dem Dreamteam zusammengewachsen sind, das sich zwar ab und an den letzten Nerv raubt, aber eine unkaputtbare Verbindung zueinander hat. Ganz zu schweigen von unserem sehr eigenen Sinn für Humor. Ich bin so stolz auf uns! We're the shit!

Michael, welcome to family. Danke, dass du meine Schwester so happy machst und dazu beigetragen hast, dass Aurelia unser aller Leben bereichert.

Markus, du Liebe meines Lebens! Mit niemand anderem möchte ich durchs Leben gehen, lachen, weinen, keppeln und alt werden. Die letzten Jahre waren geil, aber auch unfassbar challenging, und anstatt dass wir uns unterkriegen haben lassen, sind wir mehr und mehr zusammengewachsen. Möge die Macht weiterhin mit uns sein.

Mirza! Biiiiiitch, can you believe it!? Danke fürs Dasein, Zuhören, Motivieren, auf den Boden der Tatsachen Zurückholen und Stylen. You are everything. Auf unseren Traum vom Spiked Ice Tea, der Terrasse und den Kids mit den LHH-Namen.

Cherrelle, du Superstar. Der David hat so ein Glück, dich als Mutter zu haben. Ich meine, wer möchte nicht von einer Person großgezogen werden, die talentiert, book- und streetsmart ist, jede noch so große Hürde bewältigt und scheinbar nicht aufhört, über sich hinauszuwachsen. Ich will gar nicht wissen, wo ich gelandet wäre ohne deine verbalen Realitychecks. Shine your freaking light, Freundin! You deserve every beam! Genauso wie du, Charlene. Baby Ruru hat mit dir den Vorbild-Jackpot geknackt. Nach all den Jahren Freundschaft bin ich immer noch überrascht, wie sehr du mich und viele andere mit all deiner Arbeit und deinem Dasein inspirierst. Just in case you might ever forget, hier hast du's schwarz auf weiß von einem Fan! You are amazing und die Illustrationen in diesem Buch sind nur ein minimaler Beweis dafür.

Katrin! Ohne dich wäre dieses Buch niemals rechtzeitig rausgekommen! Danke für alles. Deinen Support, fürs Geduldigsein, für die Sex- und Beziehungstalks und einfach fürs Du-selbst-Sein. Ich freu mich darauf zu sehen, wie die Bühnen, auf denen du die Menschen unterhältst und bereicherst, immer größer und größer werden.

Lovely Lina und Richard, danke für eure Freundschaft! Eh schon immer, aber im letzten Jahr ganz besonders. Ich bin so froh, dass das Schicksal uns zuerst einzeln und dann euch als

Paar zusammengeführt hat. Ich bin mir nicht sicher, ob ihr es eh wisst, aber ihr seid unglaublich. Als Lina, als Richard und als Bindonians. Danke, dass ich immer auf euch zählen kann. Ihr könnt immer auf mich zählen. Immer!

Liebste Nancy, so wie ich dich kenne, hast du nicht damit gerechnet, dass du hier erwähnt wirst, aber ich bin mir ziemlich sicher, dass ich ohne dich schon längst den Kinderwunsch-Hut draufgehaut hätte. Mit deiner Ehrlichkeit und deinem unpackbaren Sinn für Humor hattest du immer schon einen ganz speziellen Platz in meinem Herzen, aber seit letztem Herbst ist der noch viel größer geworden. Danke für deine Geduld, deine aufmunternden Worte, dafür, dass du mich ans Weinen erinnerst und dafür, dass du einfach leiwand bist. Auf all die Pimm's-Räusche die wir noch gemeinsam mit den anderen Ladies haben werden.

Dominique, ich bin mir sicher, dass du auch nicht damit gerechnet hast, dass du hier verewigt wirst, aber unsere filterlosen Gespräche während unserer sechsstündigen Spaziergänge bedeuten mir so viel. Ich bin so froh, dass wir wieder zueinander gefunden haben und dass wir das erreicht haben, was wir erreicht haben. Auf viele weitere Jahre Freundschaft – ohne je wieder aus einem Club zu fliegen!

Xenia, meine talentierte Tiroler Hippie-Freundin! Wer hätte jemals gedacht, dass ein Fotojob zu einer jahrelangen Freundschaft führt? Danke, dass du alles mitmachst – egal wie kalt oder heiß es draußen ist. Keine Ahnung, wie viel ich dir zu verdanken habe, aber es ist viel. Ich freu mich auf all das, was wir noch gemeinsam kreieren.

Jana, du tolle Frau. Mein Leben wäre nur halb so schön, wenn ich mich nicht immer wieder mit dir austauschen könnte, wir voneinander lernen und stundenlang miteinander reden könnten. Du hast so viele Momente meines Lebens bereichert. Dein Schmalzi möchte dich nicht missen.

Ich freu mich schon auf das verweinte Foto, das du mir schicken wirst, wenn du das hier gelesen hast.

Andreas, muss ich's dir überhaupt sagen oder weißt du eh, dass ich ohne dich wahrscheinlich niemals so weit gekommen wäre. Danke für ein paar wirklich coole Momente, für all das, was wir gemeinsam mitgemacht haben und fürs An-mich-Glauben. All hail the scorpios!

Wagnerin aka. Marion! Dass das Buchcover so schön geworden ist – trotz all der Umstände an dem Tag, sagt eh alles über uns aus. Du bist eine Sensation, meine Laus!

Lovely Ladies von Kremayr & Scheriau – allen voran das große S! Danke! Einfach nur Danke! Dieses Buch wäre ohne euch nicht entstanden. Danke, dass ihr mich gefragt habt, ihr dieses Buch verwirklicht habt und ich mich nicht verbiegen musste. Danke!

An dieser Stelle muss ich, glaube ich, aufhören, sonst muss ich ein eigenes Buch nur für die Danksagung rausbringen. Bevor ich das hier aber endgültig abschließe, möchte ich mich tatsächlich auch bei meinen Fans bedanken. Ohne all die Menschen, die mir teilweise seit fast einem Jahrzehnt dabei zuschauen, wie ich mein Leben bewältige, und mich supporten, und durch die ich viel gelernt habe, wäre dieses Buch wahrscheinlich nicht entstanden.

Aber last but not least bin ich mir selbst auch ein Danke schuldig. Ich vergesse immer die Momente, in denen ich Mammut-Projekte wie dieses hier abschließe, vollends zu genießen, dabei habe ich das mehr als verdient. Mir war schon immer bewusst, dass ich es „drauf" habe, aber ein Buch fertig (!) zu schreiben, während ich auf Hormonen bin und die Welt versucht, eine Pandemie in den Griff zu bekommen, hätte ich von mir selbst nicht erwartet. In diesem Sinne: Shoutout an mich selbst!

DANKE!

Protect People Of Color.
Stop Asian Hate.
Protect Queer People.